Planejamento e Gestão em Turismo e Hospitalidade

Dados Internacionais de Catalogação na Publicação (CIP)
(Câmara Brasileira do Livro, SP, Brasil)

Planejamento e gestão em turismo e hospitalidade /
   Ada de Freitas Maneti Dencker, (coordenação).
   – São Paulo : Cengage Learning, 2004.

Vários autores.
Bibliografia.
ISBN 978-85-221-0432-1

1. Hospitalidade 2. Turismo - Administração
   3. Turismo - Planejamento I. Dencker, Ada de
   Freitas Maneti.

04-6627   CDD-338.4791

Índices para catálogo sistemático:
1. Planejamento e gestão : Hospitalidade :
   Indústria do turismo 338.4791
2. Planejamento e gestão : Indústria do turismo
   338.4791

Planejamento e Gestão em Turismo e Hospitalidade

Ada de Freitas Maneti Dencker
(coordenação)

Celia Maria de Moraes Dias
Davis Gruber Sansolo
Elizabeth Kyoko Wada
Gilberto Gidra
Hilário Ângelo Pelizzer
Nilma Morcerf de Paula
Raul Amaral Rego
Sênia Regina Bastos
Vladimir Amâncio Abreu

CENGAGE

Austrália • Brasil • México • Cingapura • Reino Unido • Estados Unidos

CENGAGE

Planejamento e gestão em turismo e hospitalidade

Ada de Freitas Maneti Dencker (coordenação)

Gerente Editorial: Adilson Pereira

Editora de Desenvolvimento:
    Tatiana Pavanelli Valsi

Supervisora de Produção Editorial:
    Patricia La Rosa

Produtora Editorial: Ligia Cosmo Cantarelli

Copidesque: Tereza Gouveia

Revisão: Maria Cecília de Moura
    Madarás e Vera Lucia Quintanilha

Composição: DesignMakers Ltda.

Capa: Ana Lima

© 2004 Cengage Learning Edições Ltda.
Todos os direitos reservados.

Todos os direitos reservados. Nenhuma parte deste livro poderá ser reproduzida, sejam quais forem os meios empregados, sem a permissão, por escrito, da Editora. Aos infratores aplicam-se as sanções previstas nos artigos 102, 104, 106 e 107 da Lei no 9.610, de 19 de fevereiro de 1998.

Esta editora empenhou-se em contatar os responsáveis pelos direitos autorais de todas as imagens e de outros materiais utilizados neste livro. Se porventura for constatada a omissão involuntária na identificação de algum deles, dispomo-nos a efetuar, futuramente, os possíveis acertos.

A editora não se responsabiliza pelo funcionamento dos links contidos neste livro que possam estar suspensos.

Para informações sobre nossos produtos, entre em contato pelo telefone **0800 11 19 39**

Para permissão de uso de material desta obra, envie seu pedido para **direitosautorais@cengage.com**

© 2004 Cengage Learning. Todos os direitos reservados.

ISBN-13: 978-85-221-0432-1
ISBN-10: 85-221-0432-8

Cengage Learning
Condomínio E-Business Park
Rua Werner Siemens, 111 – Prédio 11 – Torre A – Conjunto 12
Lapa de Baixo – CEP 05069-900 – São Paulo – SP
Tel.: (11) 3665-9900 – Fax: (11) 3665-9901
SAC: 0800 11 19 39

Para suas soluções de curso e aprendizado, visite
www.cengage.com.br

Impresso no Brasil
Printed in Brazil

À Deise, que tão cedo nos privou de seu convívio.

Aos alunos da primeira turma do curso de mestrado em Hospitalidade da Universidade Anhembi Morumbi.

Agradecimentos

Ao programa de mestrado em Hospitalidade da Universidade Anhembi Morumbi, espaço fecundo onde germinam sementes de novas categorias, pensamentos e desejos, que esperamos sejam capazes de reinventar a criatividade social, formulando questões para as quais ainda não temos respostas.

Aos professores e alunos colaboradores, pelo desprendimento e pela disposição em participar desse processo de invenção coletiva e de partilha de conhecimento, direcionando seus textos para as questões imediatas que inquietam os pesquisadores e profissionais que estudam e atuam no setor de turismo e hospitalidade.

À equipe editorial da Thomson, que acreditou no projeto e nos deu suporte para esta edição.

Toda a infelicidade do mundo vem da cegueira e do segredo, da ignorância acumulada.
Michel Serres

Desde as suas origens a humanidade conheceu mutações maiores. Talvez tenhamos a chance de conhecer uma delas: a passagem de uma sociedade organizada pela circulação dos sinais e das coisas no espaço econômico, para uma sociedade animada pela composição das subjetividades no espaço do saber.
Pierre Levy

As políticas de planejamento urbano não deveriam apenas se centralizar nas questões de infra-estrutura adequada, mas principalmente na formação dos indivíduos para que eles recebam o outro e sejam capazes de dividir e gestar conjuntamente o espaço das relações cotidianas, trocando experiências e promovendo questionamentos diversos em um processo de aprendizagem fundamental para o exercício da cidadania.
Silvana Pirillo

Sumário

Introdução, XIX
Ada de Freitas Maneti Dencker

Planejamento e gestão de hospitalidade e turismo: formulação de uma proposta, 1
Ada de Freitas Maneti Dencker

    Necessidade e importância de uma nova proposta, 1

    Procedimentos metodológicos, 2

    A formação do bacharel e as exigências do mercado, 6

    Bases para uma nova proposta, 9

    Problemas estruturais e planejamento, 13

    Hospitalidade e turismo: mitos e potencialidades, 15

    Planejamento turístico e hospitalidade, 19

    Planejamento e política, 19

Considerações finais, 20

Proposta de atividade, 23

Referências bibliográficas, 25

Planejamento e gestão estratégica em hospitalidade comercial: enfoque conceitual, 29
Vladimir Amâncio Abreu

Paradigmas, hermenêutica, ontologia e epistemologia da hospitalidade, 29

Paradigmas, escolas e teorias da administração e gestão da hospitalidade comercial, 36

Considerações finais e recomendações, 39

Proposta de atividade, 41

Referências bibliográficas, 42

Planejamento e gestão da hospitalidade no turismo receptivo, 45
Hilário Ângelo Pelizzer

Um olhar sobre o turismo municipal no Estado de São Paulo, 46

Causas da exclusão da comunidade do processo de desenvolvimento do turismo, 48

Qualidades dominantes do turismo interiorano, 49

Turismo receptivo municipal: novas tendências, 53

Planejamento e gestão do Turismo Receptivo, 59

Instrumentos de controle de serviços receptivos, 62

Atuação profissional das agências de turismo, 63

Estrutura funcional das agências de turismo, 65

Parceira com a comunidade, 67

Considerações finais, 70

Proposta de atividade, 71

Referências bibliográficas, 73

Patrimônio cultural e hospitalidade: subsídios ao planejamento turístico, 75
Sênia Bastos

Identificação do patrimônio, 75

A conversão do patrimônio cultural em atrativo turístico, 76

Patrimônio cultural e nacionalidade, 78

Patrimônio e identidade, 80

A metodologia de pesquisa: identificando o patrimônio, 81

Exploração comercial do patrimônio cultural, 87

Considerações finais, 89

Proposta de atividade, 89

Referências bibliográficas, 91

Análise estratégica societal no planejamento de marketing turístico, 93
Raul Amaral Rego

Os diferentes focos do planejamento turístico, 93

Etapas do processo de planejamento de marketing e caracterização das variáveis para análise do ambiente de marketing, 97

Atores que devem ser incluídos na análise estratégica do ambiente de marketing turístico, 101

Incluindo as organizações complementares no ambiente direto de análise, 102

Incluindo os moradores das localidades turísticas como público-alvo estratégico, 105

Fatores que devem ser incluídos na análise estratégica do ambiente de marketing turístico, 107

Proposta de um quadro de referência para a análise estratégica no planejamento de marketing turístico, 110

Considerações finais, 111

Proposta de atividade, 111

Referências bibliográficas, 113

Hospitalidade: da simplicidade à complexidade, 119
Gilberto Gidra
Celia Maria de Moraes Dias

Hospitalidade e hotelaria, 119

Conceitos tradicionais e comerciais de hospitalidade, 122

Definindo hospitalidade do ponto de vista do hóspede, 130

Considerações finais, 131

Proposta de atividade, 132

Referências bibliográficas, 135

Hospitalidade na gestão em meios de hospedagem: realidade ou falácia?, 137
Elizabeth Kyoko Wada

Necessidade de hospedagem e hospitalidade, 137

Hospitalidade no domínio comercial, 138

Administração da hospitalidade, 141

Considerações finais, 145

Proposta de atividade, 146

Referências bibliográficas, 148

Planejamento e gestão da hospitalidade em restaurantes, 149
Nilma Morcerf de Paula

A indústria de serviços de alimentação, 149

Demandas para a indústria de serviços de alimentação, 157

Aspectos práticos do planejamento e da gestão da hospitalidade em restaurantes, 159

Considerações finais, 164

Proposta de atividade, 165

Referências bibliográficas, 166

Indicadores ambientais de hospitalidade em lugares turísticos: uma reflexão para o planejamento, 167
Davis Gruber Sansolo

Hospitalidade, espaço e lugar, 167

Turismo e Patrimônio Natural: novos valores, novos produtos, 171

Natureza e sociedade: indicadores de
hospitalidade no lugar turístico, 173

Hospitalidade, comunidades e
conservação ambiental, 176

Hospitalidade, participação e
conservação ambiental, 177

Considerações finais, 179

Proposta de atividade, 180

Referências bibliográficas, 183

Considerações finais: hospitalidade e mercado, 187
Ada de Freitas Maneti Dencker

O enigma do dom, 187

As relações de mercado, 188

Finalizando, 193

Introdução

Ada de Freitas Maneti Dencker

A idéia de um livro sobre planejamento e gestão da hospitalidade nasceu da necessidade de definir conceitos, princípios e práticas que oferecessem fundamentos para o desenvolvimento de pesquisas da linha de Planejamento e Gestão da Hospitalidade e Turismo, desenvolvida pelo mestrado em Hospitalidade da Universidade Anhembi Morumbi. Paralelamente, existe a preocupação de agregar valor aos cursos de graduação nas áreas de turismo, hotelaria e lazer existentes nas universidades, mediante o desenvolvimento de material básico de qualidade que possa ser utilizado pelos professores em sala de aula, visando à incorporação dos princípios do paradigma da hospitalidade, nas ações de gerenciamento e planejamento.

Contando com um grupo ativo de pesquisadores que engloba professores doutores e mestrandos, o mestrado em Hospitalidade visa a refletir sobre as profundas mudanças que se processaram no mundo, particularmente nos últimos cinqüenta anos, que englobam a tecnologia, a ciência, a economia, gerando formas novas de alimentação, relacionamento com a natureza em geral, práticas esportivas, comunicações, entretenimento, lazer, turismo, práticas religiosas, e criando ainda tantas outras maneiras, modos e formas de relacionamento social que alteraram os comportamentos, as referências e as possibilidades para o homem do século XXI, em um cenário que inova e surpreende em todas as direções para as quais dirigimos nosso olhar.

Parece evidente que todas essas mudanças causaram profundas alterações sobre as pessoas, suas expectativas, formas de sentir e ver o mundo, sonhos, esperanças, desejos. Será que as questões relativas ao turismo ficaram longe dessas mudanças? Será que o turista de hoje tem o mesmo perfil, expectativas e comportamentos daquele que provocou o intenso crescimento observado na indústria turística nos últimos cinqüenta anos? Será que modos e modelos de planejamento e gestão concebidos para o direcionamento das atividades turísticas acompanharam adequadamente essas mudanças? Ou será que estamos concebendo e administrando serviços para um turista que já não existe, ou que, se existe, está em processo de extinção?

Por onde anda aquele norte-americano, de camisa florida, vermelho de sol, um pouco obeso, com a esposa gordinha e sorridente, que vemos nos filmes antigos, que lotava os destinos do Caribe? Ou quem sabe aquele inglês refinado de chapéu, terno de *tweed* e uma elegante bengala? E os grandes hotéis do passado, verdadeiros espaços próprios para a nobreza....

É certo que ainda existam turistas que correspondam a tais estereótipos, mas é crescente o número de turistas que não se enquadram nesse perfil, que possuem outras necessidades e gostos, cujo estilo de vida é radicalmente diferente do dos turistas de vinte ou trinta anos atrás.

O mundo está absorvendo novos saberes, imaginários, modos de conhecer, inventando um novo estilo de humanidade. Isso faz com que os modelos de turismo que hoje conhecemos rapidamente se transformem, em vista de um novo turista, cujo olhar torna-se mais crítico em relação ao entorno, às comunidades, formas de produção, relações estabelecidas entre os empreendimentos e as populações, movido pelo desejo de vivenciar antes de contemplar. Conhecer, aprender, evoluir, participar, entender, conviver são palavras que integram o vocabulário do turista de hoje, que busca serviços cada vez mais segmentados e personalizados.

É um mundo estranho este em que nos escondemos no anonimato e queremos ser tratados com personalismo. Ao mesmo tempo que a sociedade se massifica, a comunicação cria mecanismos de aproximação, ainda que virtuais, resultando em interações mais intensas entre as pessoas e na formação de novos vínculos. Esses são estabelecidos independentemente da convivência em um espaço físico comum, que criam novas comunidades e formas de identidade, de reconhecimento ou, simplesmente, de informação. O turista hoje pode estabelecer uma relação direta, ainda que mediada, com o espaço a ser visitado.

A informação a que tem acesso é diferenciada, dirigida e aprofundada em face de seus próprios sistemas interpretativos, os quais se estendem além dos espaços onde vive e daqueles que visita, relacionando fatos e informações de forma única e pessoal, de modo que a vivência de um indivíduo jamais será igual à vivência do outro. O turista pode estabelecer relações de diferentes níveis que precedem a viagem e permanecem depois dela. Essas relações se estabelecem não apenas entre as representações oferecidas pelos fornecedores de serviços turísticos, mas, e principalmente, pelas relações ocasionais que o turista estabelece com membros da comunidade visitada; com idéias, princípios e valores com os quais se identifica; com ideologias, práticas e visões que estejam em sintonia com sua visão particular do mundo. O turista deseja ser recebido, reconhecido, atendido como hóspede e não apenas como consumidor.

Embora o mercado busque um mínimo de respeito pelos valores de cada pessoa, muitos desses valores já não se prendem às comunidades. Na sociedade moderna, os indivíduos são pressionados por inúmeras instâncias que pretendem definir quais são os valores importantes para eles, o que devem desejar, preferir. Trata-se muitas vezes de instâncias exteriores aos indivíduos e, por isso, muitas vezes consideradas não legítimas (Godbout, 2002).[1]

É comum a recusa dos indivíduos em se pronunciarem sobre valores, principalmente em sociedades pluralistas, nas quais predomina o conceito de preferências, uma vez que normas e valores individuais tendem a ser muito diferentes. Ainda conforme Godbout, isso nos libera de relações sociais não desejadas de ordem pessoal. Na realidade, é isso que nos permite a quitação das dívidas de forma imediata na economia de mercado, a qual está baseada na equivalência e em relações pontuais. Assim, o mercado nos auxilia a escapar das obrigações impostas pelas relações pessoais, podendo ser identificada aí a base da hospitalidade comercial.

---

[1] In: MARTINS, Paulo Henrique (Org.). *A dádiva entre os modernos*. Petrópolis: Vozes, 2002.

As questões que se colocam são muitas: como ficam essas relações de mercado, "impessoais", em uma sociedade que tende para a personalização? Será que as relações pessoais podem ser atendidas dentro da hospitalidade comercial? Seria a hospitalidade comercial uma real forma de inclusão e abertura para o outro ou apenas um simulacro das tradicionais relações de hospitalidade? Parecem ser relações bem frágeis essas, da hospitalidade comercial com base em relações do mercado, incapazes de formar laços sociais sólidos.

Como já citado anteriormente, a economia de mercado estrutura-se nas preferências, ou seja, o produto oferecido deverá satisfazer as preferências dos indivíduos. A questão é como tais preferências se formam e se impõem aos indivíduos. Muitas vezes é o indivíduo que se adapta ao produto, como bem ilustra os dizeres colocados no pára-brisa de um Jipe, em circulação na cidade de São Paulo: "Não sou eu que sou alto, feio e desconfortável. É você que é um chato". Esse é um bom exemplo de produto que procura se impor por si mesmo, independentemente do fim. Afinal, um carro não deveria ser pelo menos confortável? Essa é apenas uma das contradições do mercado no que diz respeito à liberdade. É o mesmo caso do restaurante "de alto padrão" que serve porções pequenas por um preço altíssimo e trata mal o casal que queira dividir uma salada e um prato principal, para conseguir uma alimentação balanceada (mesmo pagando a mais por isso). O restaurante não deveria atender à necessidade do cliente?

De forma bastante simplista, as questões acima colocam em discussão duas lógicas diferentes: de um lado, o mercado tende a reduzir a incerteza para minimizar seus riscos e isso nos leva a uma redução da liberdade individual pela quase imposição da "preferência". A lógica das relações sociais é outra, enquanto a incerteza é maior, em um aparente paradoxo, a confiança aumenta, existe mais liberdade, tendo como contraponto a responsabilidade.

Trabalhar a idéia de hospitalidade em um contexto de planejamento e gestão, em que predominam os princípios do mercado, traz a complexa discussão de como conciliar essas duas lógicas antagônicas em um cenário comum. Tanto o Gestor quanto o Planejador têm entre seus objetivos reduzir a incerteza, estabelecer princípios regulatórios capazes de garantir o funcionamento eficiente de um projeto ou empreendimento, o que contradiz a lógica da liberdade e do compromisso voluntário que marcam os vínculos sociais.

Introdução

Na realidade, a descrição desses sistemas, ou paradigmas, ocorre no campo da construção mental, da reflexão, uma vez que toda análise concreta de problema nos obrigará a trabalhar com uma multiplicidade de lógicas e sistemas não redutíveis a um denominador comum.

Com essa perspectiva, este não é apenas mais um livro de planejamento com fórmulas e respostas prontas. É, antes de tudo uma busca coletiva, baseada na reflexão, visando delinear um esboço conceitual que ajude o pesquisador a entender as novas configurações que se apresentam no atual cenário, sugerindo ao pesquisador que procura soluções que atendam às questões levantadas pelos problemas atuais novas formas de interpretação e leitura da realidade. Trata-se de partilhar o conhecimento desenvolvido no meio acadêmico, procurando contribuir para a discussão que visa a aprimorar as práticas de planejamento e gestão do turismo, com idéias voltadas para a produção de relações mais sólidas de hospitalidade, que consideramos importantes para a reconstrução dos laços sociais fragilizados pela lógica dicotômica entre Estado e Mercado predominante na modernidade.

Nessa trilha, iniciamos por uma avaliação dos referenciais que hoje se encontram à disposição dos que estudam e trabalham com questões de planejamento e gestão do turismo e hospitalidade, provocando uma reflexão sobre questões referentes a metodologias empregadas, necessidade de buscar novas formas para pensar e interpretar a realidade, indagando sobre a formação dos bacharéis e a necessidade da criação de vínculos entre a academia e a sociedade para um diálogo criativo e constante na busca de respostas. Apresentam-se as conclusões a que chegou a pesquisa desenvolvida por Ada de Freitas Maneti Dencker, sobre os conteúdos, as práticas de ensino e as novas posturas e reflexões que fazem parte da formação dos futuros profissionais, colocando em discussão conceitos, conteúdo, discursos e sua repercussão nas ações práticas de planejamento. Trata-se de uma reflexão sobre o processo de planejamento e suas implicações, a ser considerada na própria formulação dos conteúdos e formatação de cursos de graduação, bem como nas atividades realizadas em sala de aula.

As bases teóricas são apresentadas por Vladimir Amâncio Abreu, em seu estudo sobre o planejamento e a gestão estratégica em hospitalidade comercial: enfoque conceitual, no qual o autor trabalha a questão da definição dos conceitos e sua aplicação dirigindo o olhar para as práticas de ensino e seu embasamento epistemológico e conceitual. Os requisitos fundamentais para uma Gestão da Administração e da Hospitalidade em uma perspectiva científica são: interpretar, refletir e debater sobre as delimitações e definições existentes, oferecendo fundamento científico aos pesquisadores interessados nessas áreas. Assim o ensino não deve se restringir ao relato dos casos reais existentes, ou à sua simples sistematização, ainda que sejam ambos procedimentos necessários. A idéia é questionar e pesquisar os paradigmas, as metodologias, as técnicas das áreas de Administração e Hospitalidade em simbiose sinergética, conteúdo este que servirá de base para uma posterior operacionalização de conceitos, oferecendo subsídios para as futuras pesquisas nos campos estudados. Esse estudo servirá de base tanto a professores quanto a alunos dos cursos de graduação para a inclusão da variável hospitalidade em seu campo de reflexão, possibilitando o levantamento de problemas e o relacionamento da teoria e prática.

Estabelecidos nos dois estudos iniciais o panorama existente e as bases conceituais, os conteúdos apresentados a partir do terceiro estudo trabalham campos específicos nos quais as reflexões teóricas podem ser aplicadas em propostas práticas de planejamento e gestão do turismo e da hospitalidade.

As questões do Turismo Receptivo no interior do Estado de São Paulo são apresentadas por Hilário Ângelo Pelizzer, em uma abordagem que avança na busca de soluções e propostas para inserir de forma estratégica a questão da hospitalidade nos projetos e produtos turísticos. De forma inovadora, sugere a formatação de produtos turísticos em conjunto com um projeto pedagógico de desenvolvimento da cidadania, trazendo as antigas propostas de estudo do meio para o cenário atual, com uma parceria entre escolas e agências de viagem. Ao final, são apresentadas propostas de atividades que podem ser desenvolvidas pelos alunos como forma de fixação da aprendizagem e incentivo a ações interdisciplinares.

Sênia Bastos nos presenteia com um modelo que permite trabalhar de forma mais hospitaleira as questões do patrimônio, apresentando a proposta de uma metodologia inclusiva e participativa para a identificação do Patrimônio Cultural, concentrando-se nas relações estabelecidas com a comunidade. De forma didática, define os parâmetros e instrumentos a serem utilizados. Mesclando teoria e prática, a autora mostra passo a passo como é possível proceder a uma avaliação, na qual a interpretação deve ser um processo compartilhado com o morador, pois só assim o visitante conseguirá apropriar-se do sentido coletivo existente.

Em texto rigoroso, preciso e objetivo, Raul Amaral Rego trabalha sistematicamente uma extensa bibliografia relacionando Marketing e Hospitalidade, desvendando conceitos e organizando teorias. O resultado é de grande valia para embasar estudos e pesquisas que trabalham essas questões, contribuindo como referencial que prima tanto pela consistência da análise quanto pela riqueza e atualidade das fontes utilizadas. É um trabalho que com certeza contribuirá de forma incisiva para a definição de variáveis e construção de problemas de pesquisa vinculando-os a seus referenciais teóricos e interpretativos.

Como trabalhar a hospitalidade comercial, tomando como foco o hóspede, é tema pouco estudado, desenvolvido aqui, em parceria por Gilberto Gidra e Celia Maria de Moraes Dias, sua orientadora no mestrado em Hospitalidade. O texto reflete a formação em psicologia do autor e sua prática em pesquisas de Marketing, bem como a formação e prática em turismo e hotelaria de sua orientadora, em uma parceria interdisciplinar cujo resultado é criativo e inovador. As questões e sugestões de pesquisa apresentadas no final do texto muito contribuirão para inspirar o desenvolvimento de estudos práticos no campo da hospitalidade.

Com sua arguta vivência em grandes cadeias hoteleiras, Elizabeth Kyoko Wada discute as questões pertinentes à hospitalidade comercial, entrelaçando questões conceituais com exemplos reais, lançando um desafio final instigante na forma de um exercício para ser desenvolvido por alunos e professores em aula.

Nilma Morcerf de Paula contribui com uma reflexão sobre a administração da hospitalidade em equipamentos de alimentação, estudando a questão da hospitalidade em restaurantes. Para ela, a hospitalidade pode ser trabalhada, também, pelo cardápio oferecido: pela manutenção da tradição culinária dos pratos, utilização dos conceitos de gastronomia, importância do uso dos sentidos na agregação de valor às preparações, enfim, pela criação de uma identidade para o restaurante. A superação pode ser obtida atendendo as preferências individuais, quando solicitadas, independentemente do cardápio oferecido.

Considerando-se que a hospitalidade pode ser abordada de diversos pontos de vista do conhecimento acadêmico, Davis Gruber

Sansolo, em seu texto, considera que um dos desafios que cabem aos geógrafos é revelar a relação entre o espaço e esse valor humano, discutindo e apresentando as possíveis relações historicamente construídas da relação entre sociedade e natureza, e como essa relação influencia o significado de hospitalidade.

A tessitura argumentativa e a seqüência adotada, bem como as propostas de atividades que fazem parte de todos os estudos, teve por objetivo construir uma nova forma de trabalhar a questão do planejamento em sala de aula, tanto na graduação quanto na pós-graduação, uma vez que a profundidade com que serão trabalhados os conceitos, assim como as pesquisas sugeridas, dependerá da abordagem adotada pelos professores.

Esperamos que, com essa proposta, seja possível não apenas iniciar os alunos em uma forma crítica de trabalhar as questões de planejamento e gestão no campo do turismo e da hospitalidade, mas também auxiliar o professor no planejamento e na gestão de suas atividades em sala de aula, em uma perspectiva de ação interdisciplinar.

Planejamento e gestão de hospitalidade e turismo: formulação de uma proposta

Ada de Freitas Maneti Dencker

Necessidade e importância de uma nova proposta

Entendendo que o planejamento e a gestão dos negócios do turismo e da hospitalidade constituem processos baseados em pesquisa e ação, devendo ser orientados, tanto na sua produção quanto na avaliação, por parâmetros tanto sociais quanto econômicos, consideramos que seus objetivos deverão contemplar a otimização e a contribuição do setor de turismo e hospitalidade para melhoria da qualidade de vida das pessoas e do meio ambiente, integrando-se de forma harmônica com as demais atividades sociais e econômicas.

A finalidade do planejamento não se deve restringir à organização do setor para atender apenas às necessidades do mercado (tendo como objetivo o crescimento econômico baseado no lucro), mas ultrapassar a dimensão econômica avançando no social, contemplando relações de confiança e solidariedade, de comprometimento e reciprocidade, em busca da hospitalidade (tendo como objetivo o interesse comum). Acreditamos que é possível incorporar nas ações de planejamento as reflexões realizadas pela universidade, de modo a contribuir para a compreensão de que a ação social não pode ser apenas síntese de uma pluralidade de lógicas redutíveis a determinantes econômicos. O resultado dessa visão distorcida, produzida pela modernidade, vem se traduzindo na crescente desigualdade e exclusão social que nos afronta a cada dia. A superação dos entraves que inquietam nossa sociedade requer a parceria constante entre universidade e sociedade, na busca de soluções que atendam aos interesses de todos e avance na construção de um projeto social comum.

Procedimentos metodológicos

O primeiro passo desta pesquisa teve por objetivo explorar como os autores tratam da questão do planejamento em seus aspectos conceituais, tomando por base a análise do material bibliográfico que aborda o planejamento turístico, publicado recentemente no Brasil, e/ou utilizado com maior freqüência pelos professores que ministram a disciplina. Em uma primeira leitura constatamos que, em grande parte, o conteúdo analisado pode ser subdividido em três grandes grupos:

1. O primeiro grupo consiste em adaptações de modelos desenvolvidos pelos organismos oficiais de turismo, com base em orientações da OMT (Organização Mundial do Turismo), nem sempre com as devidas explicações sobre os paradigmas que se colocam na base de tais propostas.

2. Em segundo lugar temos traduções de obras com relatos de experiências desenvolvidas em outros países, algumas de difícil compreensão, nem sempre possibilitando ao futuro planejador uma avaliação de sua aplicabilidade em outros contextos.

3. Um terceiro grupo, predominantemente nacional, agrega as publicações de origem acadêmica, consistindo em um conjunto de estudos com bom nível de discussão sobre os resultados obtidos com as ações de planejamento realizadas em nosso país. Essa leitura permite a crítica e avaliação das ações de planejamento já empreendidas no país, por meio da análise dos estudos de caso relatados. Fazem parte também desse conjunto propostas desenvolvidas para planejamento e gestão do turismo, adaptadas ao contexto brasileiro, porém sem a ênfase que consideramos essencial na formação de relações de hospitalidade.

A essa primeira avaliação, somou-se a constatação de que, embora exista um conjunto rico de informações, estas parecem não chegar até os profissionais que atuam no mercado em forma de propostas práticas que facilitem sua ação. Isso se reflete, em termos práticos, na adoção dos mesmos modelos quando da elaboração de Planos Turísticos solicitados pelas Prefeituras. Paralelamente observa-se, pela freqüência com que os governos estaduais contratam consultorias estrangeiras para a elaboração de planos e projetos de grande porte para planejamento turístico, que parece não haver no país um grande número de empresas e profissionais que sejam reconhecidos como adequadamente habilitados para a realização desses trabalhos pelo mercado.

a) Análises e reflexões preliminares

Em uma primeira leitura a pesquisa realizada evidencia que:

Quanto à bibliografia disponível

- São raras as publicações que apresentam propostas orientadas para a formação crítica do futuro bacharel e que o habilitam para o planejamento e a gestão, focados em modelos adequados à realidade nacional. A maioria das propostas ainda se encontra condicionada por modelos tradicionais, concentrando-se na orientação para a formatação de produtos e serviços quase que padronizados.

- Faltam publicações reunindo métodos diversos que possam ser empregados para otimizar as ações de planejamento e ofereçam sugestões de soluções que possam ser aplicadas em diferentes níveis. É preciso considerar que não basta apenas apresentar métodos e procedimentos como se sua simples aplicação tivesse a capacidade de solucionar os problemas.

Quanto aos planos e projetos analisados

- Proliferam planos e projetos sem orientações claras sobre suas possibilidades e formas de adequação a contextos específicos, repetindo modelos e soluções, sem indicar novas alternativas ou abrir campo para a reflexão, que auxiliem de forma efetiva os empreendedores que desejam atuar no mercado.

- Promove-se, de forma quase que indiscriminada, a reprodução de modelos e fórmulas que deram certo no passado sem considerar que o turista de hoje possui novas expectativas, outros olhares, percepções diferenciadas que não se restringem aos espaços definidos pelos equipamentos que formam a oferta turística.

- As profundas transformações que ocorrem nas sociedades e geram novos cenários são ignoradas como processos importantes que precisam ser integrados ao planejamento e não apenas considerados pelo planejador.

Quanto aos trabalhos acadêmicos

- Os planos e projetos desenvolvidos pelos alunos dos últimos semestres dos cursos de graduação são uma infindável repetição da mesmice encontrada nos livros, em sua maioria carentes de criatividade e utilidade. Os alunos estão sendo ensinados a reproduzir modelos de planos e projetos com base em fórmulas e propostas que a realidade demonstra ser ineficientes.

- Estamos habilitando profissionais para que elaborem documentos acadêmicos, capazes de seguir normas e regras de apresentação, mas sem formação necessária para planejar e gerir de forma eficiente as atividades e os negócios no ramo da hospitalidade e do turismo. Serão esses profissionais capazes de empreender mudanças criativas que contribuam efetivamente para reverter a situação de estagnação em que se encontram as atividades produtivas em nosso país?

Quanto à elaboração de material básico

É importante que exista uma política de produção acadêmica voltada à divulgação de informações que auxiliem efetivamente na abordagem dos problemas, ao mesmo tempo que incentive a experimentação e proposição de procedimentos alternativos. Isso se justifica porque:

- Conhecer alternativas amplia as possibilidades de inovação, estimula a criatividade, incentiva a iniciativa e pode gerar novos produtos que atendam às necessidades dos que viajam e dos que os recebem.

- Conciliar de forma equilibrada esses pontos de vista, nem sempre convergentes, é um desafio enfrentado por planejadores e gestores, que muitas vezes acabam atendendo apenas aos interesses daqueles que pagam e não dos que efetivamente estão envolvidos, e isso, a longo prazo, coloca em risco o desenvolvimento da atividade como registrado nos estudos acadêmicos que analisamos.

- As críticas mais importantes concentram-se nos danos causados por ações de planejamento que não consideraram devidamente o meio ambiente, as comunidades e as culturas tradicionais, e levam à degradação do meio ambiente, perda da identidade cultural, conflitos políticos e, não raro, geram casos de violência, quando os empreendimentos turísticos violam os códigos de conduta e valores locais. Sabemos quais são os problemas, precisamos criar condições para que se criem soluções.

- Acreditamos que muitos problemas possam ser evitados por uma leitura cuidadosa da realidade, com base em pesquisas analisadas e interpretadas por acadêmicos/profissionais com habilidade crítica e em sintonia com as mudanças locais e globais. É preciso que se empenhem em orientar de forma eficiente os empreendedores e investidores para que percebam claramente que a não-adequação das ações a esta realidade poderá resultar em graves prejuízos futuros.

Quanto à necessidade de novas propostas de gestão

- É preciso repensar e redesenhar o turismo, adequando-o continuamente às mudanças que ocorrem nas sociedades, formulando políticas que orientem a gestão dos produtos tomando em conta as condições existentes nos cenários internacional e nacional, e colocando na mesma escala de prioridades as necessidades das localidades receptoras e suas populações residentes. É importante entender que se trata de um processo que precisa evoluir, criando alternativas para as novas necessidades que se apresentam, que requerem uma modernização e adequação da oferta, adaptada às necessidades de um mundo em mudança, promovendo a inserção local na dinâmica mundial.

O planejamento e a gestão da hospitalidade não dizem respeito apenas a questões de aprimoramento de oferta, infra-estrutura, novas formas de administração e comercialização, ou novas formas arquitetônicas para os espaços hoteleiros. As principais mudanças estão ocorrendo com as pessoas – sejam turistas sejam aqueles que os recebem –, e são as relações entre essas pessoas, seus sentimentos, suas necessidades, suas formas de ver e sentir o mundo que estão passando por transformações profundas e geram novas necessidades, percepções e desejos que precisam ser entendidos para que se possa gerenciar a atividade e definir novos rumos para o planejamento da atividade.

A formação do bacharel e as exigências do mercado

Talvez a maior dificuldade esteja na formação do profissional que atuará no setor, de modo que este transite com desenvoltura entre as diferentes propostas metodológicas existentes, com espírito crítico e discernimento, para identificar o procedimento mais adequado a cada localidade, empreendimento ou projeto. A tentação de "treinar" o aluno nas metodologias conhecidas e a pressão das instituições de ensino para que o professor cumpra adequadamente o conteúdo programático previsto contribuem para que a formação do bacharel seja muitas vezes deficiente.

Do lado do mercado e dos gestores, existe a pressão para que se considere o turismo apenas fator de desenvolvimento, atividade econômica geradora de lucros, desconsiderando-se a complexidade das demais questões envolvidas nas relações de hospitalidade em que a atividade se insere. Essa postura pode ser observada nos próprios editais de concorrência elaborados para selecionar as empresas que trabalharão nos projetos. Embora as mudanças em ação na sociedade estejam nas pautas dos jornais, que informam sobre a situação social e política das mais variadas regiões, divulgam pesquisas sobre as necessidades mais prementes e os desejos das populações, comentam sobre as novas tendências e angústias que afligem as pessoas, os planejadores parecem cegos diante das prioridades econômicas, da necessidade de obter o retorno dos investimentos em prazos cada vez mais curtos, em um cenário em que os juros são muito altos.

a) Como contribuir para conciliar essas demandas?

Temos de acreditar que seja possível organizar de forma didática esses conceitos já observados pelos pesquisadores, de modo a permitir uma formação mais eficiente dos profissionais que atuarão nesse cenário. Precisamos construir referenciais que facilitem a ação dos docentes e dos profissionais já atuantes no setor. O futuro da atividade se delineia nas salas de aula, na formação de um profissional que perceba sua atividade como pesquisador e cidadão, que desenvolva competência crítica para diferenciar modelos e procedimentos adequados para a solução prática de problemas, seja como empreendedor na gestão de produtos, seja como gestor público na formatação das concorrências, seja como responsável pela elaboração de propostas e planos. Ações de planejamento devem ser precedidas de análise criteriosa das condições objetivas que condicionam o processo, dos instrumentos a serem utilizados e sua compatibilidade com o contexto político e social em que serão aplicados.

O planejador/empreendedor deverá ser capaz de:

- Reunir de maneira estratégica os referenciais provenientes da realidade e das teorias que analisam o processo de globalização.

- Avaliar o desenvolvimento econômico da localidade e prever as relações dialéticas que se poderão estabelecer com a realização das ações propostas.

- Criar soluções possíveis considerando a nova configuração política do Estado.

- Estabelecer perspectivas e alternativas em sintonia com as necessidades da sociedade, em suas múltiplas relações, sem isolar as ações referentes ao turismo como se este constituísse um mundo à parte, autônomo, separado da realidade.

b) Principais dificuldades enfrentadas

Falta de metodologias adequadas

Uma das maiores dificuldades enfrentadas pelos profissionais que atuam em planejamento é conciliar as diretrizes estabelecidas pelas políticas de planejamento turístico com as necessidades das populações locais. A situação se complica ainda mais quando é preciso trabalhar a participação dessa população no processo de planejamento. Isso ocorre em vista da estrutura hierarquizada que caracteriza a burocracia responsável pelo desenvolvimento e controle das atividades em que o autoritarismo predomina.

O discurso moderno do planejamento recorre à idéia de participação. O planejamento participativo aparece como solução para os problemas, na medida em que acreditamos que, com o uso de metodologias participativas, teremos automaticamente o comprometimento da população com as idéias propostas. Observa-se, entretanto, que, mesmo nas propostas participativas, é nítida a tendência de centralização do planejamento no Estado como última instância de decisão. O que de fato se quer é envolver a população.

Tendência de centralização e cultura autoritária

As metodologias participativas são antes estratégias de comunicação do que de planejamento. No turismo, isso foi claramente percebido na tentativa de execução do Programa Nacional de Municipalização do Turismo (PNMT) no governo Fernando Henrique Cardoso. As oficinas de planejamento do PNMT eram solicitadas pelas prefeituras municipais à Embratur, que dava suporte para sua realização. Assim, o programa estava atrelado à estrutura administrativa e sujeito ao jogo político, o que poderia explicar sua descontinuidade.

Sabemos que no Brasil a regra é que cada governo (municipal, estadual ou federal) sempre desconsidere o que foi feito na gestão anterior. Nesse tipo de estrutura política, as demandas locais são percebidas como ameaças que podem comprometer a eficiência, os objetivos previamente definidos e a consistência do planejamento. Esse é um dado que faz parte de nossas condições objetivas como elemento de cultura política e, portanto, precisa ser considerado nas ações de planejamento.

A cultura do autoritarismo, manifesta na famosa pergunta: "Você sabe com quem está falando?", está pouco a pouco entrando em descrédito no Brasil nas regiões urbanas, densamente povoadas, porém é ainda muito forte principalmente nos municípios mais pobres, com baixos índices de qualidade de vida. Felizmente, porém, já se podem observar reações a essa postura, com uma cobrança maior de ética na política e nos negócios, incentivada pela mídia, por alguns governos locais, por institutos e organizações do terceiro setor em parceria com a iniciativa privada, que atuam positivamente sobre a necessidade de inovar nas políticas públicas, incorporando a ação da sociedade civil e colocando como prioridade as necessidades sociais. Essas iniciativas precisam ser estudadas e incentivadas, pois representam alternativas de mudança que podem influir positivamente na formação de vínculos sociais mais sólidos entre as diferentes camadas sociais.

Bases para uma nova proposta

Retomando a questão inicial, percebemos que existe uma grande dificuldade para definir uma base conceitual suficientemente integrada, capaz de dar conta dos problemas da atualidade. Parece que essa constatação está em sintonia com as questões da complexidade do mundo atual e do princípio da incerteza. Acadêmicos e professores precisam ter a humildade de reconhecer que não existem verdades absolutas a ser ensinadas e que, antes de respostas, precisam ensinar aos alunos que o mais importante são as perguntas.

Diálogo com a realidade

O profissional deverá estar em constante diálogo com a realidade, a cultura e as situações novas, e procurar criar soluções tendo em mente que elas são provisórias. É essa a base do princípio da criatividade, a mesma base que permite formar tanto grandes acadêmicos quanto gestores inovadores.

Infelizmente observamos que a maioria das publicações utilizadas nas bibliografias básicas dos cursos, analisadas pela pesquisa, apresenta modelos descendentes de planejamento, apoiados em estruturas centralizadas de perfil autoritário e burocrático. Percebe-se nitidamente que ainda não se encontrou um caminho habilitando o futuro profissional a uma leitura eficiente de informações que possibilitem a análise das questões complexas referentes aos vínculos sociais que, em última instância, dão suporte à atividade turística. O resultado é o comprometimento da formulação de soluções adequadas aos problemas que se apresentam.

a) Qual o foco a ser trabalhado?

Como membro do corpo docente do mestrado em Hospitalidade da Universidade Anhembi Morumbi, apresentei os resultados preliminares desta pesquisa a meus colegas. Questionada pelo prof. Luiz Octávio Lima Camargo se o problema não seria mais bem colocado como planejamento da hospitalidade e não do turismo, incorporei à análise a idéia de hospitalidade, como processo de agregação do outro à comunidade, sendo a inospitabilidade o processo inverso (GOTMAN, 2001). O conceito de hospitalidade permitiria trabalhar a questão da inclusão social, proposta pelos modelos de planejamento que visam à ampliação da participação direta dos cidadãos e dos grupos sociais, seja por meio de conselhos populares, orçamento participativo ou até mesmo pela chamada democracia eletrônica, incorporando as novas tecnologias da informação e comunicação.

A inclusão da hospitalidade

Pesquisando-se os vários enfoques da hospitalidade, percebe-se que em todos os conceitos o enfoque é o homem como ser social. É a partir das ações de dar, receber e retribuir que se estruturam as relações formadoras das sociedades tradicionais. O processo de individualização que caracteriza as sociedades atuais mais desenvolvidas explica o declínio do sistema político central e nos leva a refletir sobre a necessidade de repensar esse processo, na medida em que essa individualização não é uma escolha livre do indivíduo, mas uma necessidade. Uma das possibilidades dessa reflexão nos leva ao conceito de hospitalidade voltado mais às práticas humanistas e menos aos objetivos estratégicos direcionados unicamente ao mercado.

b) O papel do Estado no planejamento

Esta reflexão nos permitiu um novo olhar sobre o material coletado, uma vez que se torna evidente a perda progressiva da capacidade do Estado contemporâneo de conduzir as mudanças.

O planejamento, em qualquer área, precisará trabalhar com diferentes redes de relações entre os atores, assim como entre os Estados, diante da complexidade e diferenciação funcional da sociedade moderna.

Por paradoxal que pareça, os Estados governados por princípios de impessoalidade só podem funcionar apoiados na sociedade primária da qual se originam seus sentidos e sua motivação. São esses os sentidos que mantêm as instâncias reguladoras e o ideal de uma democracia para todos, bem como a esperança na capacidade da sociedade civil como ator principal na condução da sociedade contemporânea rumo ao desenvolvimento sustentável.

A questão da dádiva

Assim, temos de retomar as obrigações mútuas da dádiva, das sociedades tradicionais, pois essas são também as bases da sociedade moderna na formação dos vínculos sociais. As sociedades são formadas por regras interdisciplinares de cuja interação ou jogo resultam os laços sociais. A reciprocidade é fundamental e não se refere apenas ao utilitário e econômico. A base mais funda está em movimentos espontâneos da simpatia, da amizade, da identificação entre as pessoas que formam os grupos, dos sentimentos profundos que constituem as bases da família.

c) A inserção da comunidade

Nesse cenário, uma das tarefas mais complexas dos planejadores será a inserção da comunidade. Objeto de estudo de várias pesquisas, a formulação de modelos participativos já apresenta alguns resultados, existindo diferentes modelos, dinâmicas e procedimentos desenvolvidos com o objetivo de envolver as comunidades nos processos de planejamento.

Adequação das metodologias

A participação e o envolvimento efetivo dos indivíduos com a formação de vínculos sociais, todavia, é um processo longo para o qual não existem receitas nem metodologias prontas. Os vínculos se estabelecem mediante trocas simbólicas que, embora não possam ser medidas pelos modelos de avaliação baseados em práticas contratuais, são fundamentais para o sucesso e desenvolvimento das práticas associativas e participativas. São procedimentos que não podem ser padronizados nem importados de outros contextos. A aplicação bem-sucedida de técnicas participativas em determinada comunidade talvez não se adapte a outra sociedade em que a população não compreende os aspectos técnicos e complexos da atividade turística, nem está familiarizada com os procedimentos e princípios do planejamento participativo.

A participação das comunidades no Brasil

No Brasil, não se ouvem as comunidades porque não existe uma cultura de participação, portanto, os indivíduos não se sentem responsáveis pelo que ocorre em seu entorno. Podemos dizer que o brasileiro aprendeu pela experiência que, independentemente de suas ações e opiniões, as decisões finais sempre serão tomadas pela cúpula e no seu interesse. Isso faz da maioria da população uma espectadora do processo, pois não há interesse em participar de decisões geradas por um processo em que ela não acredita.

Essa percepção é confirmada pela própria postura dos responsáveis pelos processos participativos que, via de regra, procuram enquadrar as propostas da comunidade em modelos preexistentes, fortalecendo a apatia da população. Projetos e propostas assim elaborados não são representativos nem têm o apoio e compromisso daqueles que deveriam estar envolvidos no processo.

Problemas estruturais e planejamento

Falta de integração entre as esferas governamentais

Considerando-se o planejamento do ponto de vista do Estado, percebemos que as dificuldades são agravadas pela própria estrutura do sistema. É muito difícil coordenar o processo, pois não existe uma relação harmônica entre as esferas federais, estaduais e municipais. As decisões da comunidade não detêm poder suficiente para contrariar as políticas nacionais e regionais, e ainda há o fato de que muitas vezes as elites locais atuam em benefício próprio, sem considerar os interesses da comunidade.

São inúmeros os exemplos de ações, principalmente em regiões rurais com baixos índices de desenvolvimento humano, promovidas por elites que manipulam instituições como a polícia e o judiciário, tornando o exercício da cidadania praticamente impossível para a população local.

Mecanismos possíveis de integração

Existem experiências positivas que permitem identificar mecanismos que contribuem para aumentar as chances de sucesso do planejamento. Podemos citar a formação de cooperativas, a adoção de sistemas cooperativos e integrados de controle, a busca de uma fórmula de distribuição justa dos benefícios e dos custos, bem como processos comunicativos que permitam o relacionamento efetivo entre os parceiros, e mecanismos que permitam o desenvolvimento equilibrado de ações de planejamento.

Pouco a pouco podemos perceber uma mudança em curso no Brasil, indicando uma maior sensibilidade em relação às demandas sociais. A cada dia, amplia-se o número de intelectuais, ativistas de movimentos sociais, integrantes de organizações não-governamentais e parcelas do empresariado convencidos de que é impossível a convivência do crescimento econômico com a pobreza e a exclusão da maioria da população. A sociedade está despertando para a importância da solidariedade, da cooperação, da responsabilidade, deixando entrever o início de uma mudança nas estruturas existentes.

O papel da cultura

Essas mudanças afetam a sociedade em geral e se refletem no turismo. O resgate da noção de hospitalidade ultrapassa as questões econômicas e os problemas de desenvolvimento e penetra no campo das idéias, da religião, da filosofia, da ética, tendo como pano de fundo a diversidade cultural. Na cultura pode estar a chave para a formação de uma consciência de responsabilidade, baseada no diálogo democrático, na defesa dos direitos humanos, voltada para o combate às causas da pobreza e da destruição do meio ambiente.

O turismo está mudando. Percebe-se a formação de um novo perfil do turista mais interessado em vivenciar outras realidades, em participar e conhecer em profundidade pessoas e localidades. Trata-se de uma mudança positiva, que permite pelo estreitamento das relações pessoais a formação de laços com as localidades e com as populações receptoras, que poderão vir a estabelecer bases de convivência, interação, respeito e hospitalidade.

Temos de superar a prática de ouvir as populações apenas no período das eleições, deixando as decisões políticas para círculos exclusivos de barganha e negociação, geralmente de caráter privativo. É preciso repensar as formas de ação política, em geral, em bases democráticas, superando o conformismo dominante e adotando novas formas de interação e comunicação nas comunidades e entre estas e as autoridades públicas. Qualquer proposta didática de planejamento deverá permitir ao aluno o desenvolvimento de competências que lhe permitam atuar nesse contexto.

Hospitalidade e turismo: mitos e potencialidades

Após a análise dos materiais publicados pelas editoras, trabalhos acadêmicos, planos e projetos em andamento, avaliação de conteúdos ministrados em disciplinas e de currículos de cursos de turismo e hotelaria, voltamos nosso olhar para as informações divulgadas pela mídia, promessas e discursos políticos referentes à atividade turística.

Turismo como fator de desenvolvimento econômico

Existe uma profunda contradição entre as análises e os estudos e pesquisas e as informações divulgadas pela mídia, em um processo que quase poderíamos considerar desinformação. O mais chocante nos noticiários é que os informantes são em geral políticos, empresários, agências governamentais ou consultorias nacionais e estrangeiras contratadas para planejar a atividade, que em tese teriam informações precisas sobre a atividade.

A análise do material revela que os setores de turismo e hospitalidade são comumente apresentados pelos analistas econômicos em suas previsões como setores com grande potencial de promover o desenvolvimento e crescimento de países como o Brasil no século XXI. É comum também que se apresente o turismo como resposta a problemas de crescimento e solução para questões ambientais.

As matérias publicadas em jornais e revistas parecem indicar que existe quase um consenso de que o turismo é um filão inesgotável de novas oportunidades e que pode ser desenvolvido na maioria das localidades, com um nível relativamente baixo de investimento, resultando em alta geração de empregos. Em um país com as riquezas naturais do Brasil, essas possibilidades seriam ainda maiores. Ano após ano, previsão após previsão, governo após governo, o turismo continua aparecendo como fórmula milagrosa capaz de superar os problemas econômicos de regiões onde outras atividades foram incapazes de promover o desenvolvimento. O fato de serem inúmeros os registros de casos de degradação ambiental, problemas sociais e econômicos causados pelo turismo não parece abalar o discurso oficial sobre suas potencialidades.

O processo de globalização econômica exige que os países não-desenvolvidos se desenvolvam para que possam participar do mercado mundial como produtores e consumidores. A distância existente entre os países desenvolvidos e os demais leva à urgência da criação de oportunidades de negócios.

O turismo permitiria o crescimento econômico em um curto período de tempo, gerando empregos e solucionando problemas ambientais e econômicos, e seria uma opção atraente para induzir a geração de renda e obtenção das divisas necessárias para equilibrar as contas públicas. Essa visão distorcida da atividade explica em parte as dificuldades e os equívocos do planejamento da atividade no Brasil.

a) Turismo como opção de desenvolvimento sustentável

A análise do turismo em âmbito mundial revela que, embora em muitas localidades o desenvolvimento tenha sido bem-sucedido, contemplando até aspectos relativos à sustentabilidade, estudos mais recentes tendem a indicar que existem mais fracassos do que sucesso na opção pelo turismo. São muitos os exemplos de degradação ambiental e desequilíbrio econômico, assim como de impactos causados na vida das pessoas e nos locais visitados (Hall, 2001).

A sustentabilidade como discurso

Embora a sustentabilidade seja de fato do interesse de todos, em um mundo em que o ambiente, a economia e a sociedade estão indissociavelmente unidos, o uso do conceito de desenvolvimento sustentável tornou-se recorrente, quase obrigatório, para justificar qualquer decisão de planejamento nos mais diversos setores. Todos os projetos apresentam-se como sustentáveis, dificultando a identificação do que seriam decisões de fundo tecnológico, político e ideológico nas propostas dos planejadores.

Paralelamente, há uma forte tendência de copiar técnicas e políticas bem-sucedidas em outros lugares, o que contribui para a falsa idéia de que existem receitas para a solução dos problemas de desenvolvimento. O mais grave nessas receitas é que invariavelmente colocam a superação da crise financeira em primeiro lugar, deixando a solução dos problemas de natureza social em segundo plano. Essa postura equivocada causa o agravamento dos problemas de saúde, emprego, educação, além de dificultar a implantação da infra-estrutura. Essa escolha política em várias áreas vem resultando na exclusão social de uma parcela significativa da população.

b) Sustentabilidade x desenvolvimento: relações contraditórias

A aparente contradição entre desenvolvimento e sustentabilidade deriva da confusão entre crescimento econômico e desenvolvimento. Circunscrever o desenvolvimento do turismo ou qualquer outra atividade ao âmbito da economia, como vem sendo feito em diversos setores, submete as ações empreendidas no setor a influências de caráter técnico operacionais da esfera monetária com graves conseqüências no plano social. Trata-se de promover primeiro o reordenamento geral em busca da estabilização e do equilíbrio financeiro para, posteriormente, reativar o crescimento econômico de uma região.

A busca da prosperidade como variável interveniente

A política, tomando por base a prosperidade como meta, não atende adequadamente a questões fundamentais que constituem o custo social dessa forma de ação, gerando o agravamento do desemprego, do analfabetismo, da poluição ambiental e de outras mazelas. Aparentemente técnicas, essas decisões ou orientações econômicas influenciam as políticas mundiais e os Estados nacionais que precisam se submeter às regras sem que se possa pensar seriamente em um desenvolvimento integral. A mundialização da economia e a cultura ocidental predominante fazem que a modernização brasileira se baseie em modelos importados, manifestos em formas de consumo e comportamentos externos, sem que haja uma transformação nos papéis sociais, que permanecem ligados a valores antigos (Hermet, 2002).[2]

---

[2] HERMET, Guy. *Cultura e desenvolvimento*. Petrópolis: Vozes, 2002.

Prioridades do desenvolvimento sustentável

A idéia de desenvolvimento sustentável, quando contempla questões como preservação de processos ecológicos, proteção do patrimônio e da biodiversidade, produtividade a longo prazo e eqüidade no gerenciamento dos recursos e estabelece limites para o crescimento econômico, acaba constituindo um problema político, na medida em que suas metas econômicas e políticas divergem qualitativamente das estabelecidas pelos defensores do crescimento econômico.

As prioridades a serem contempladas no planejamento do desenvolvimento sustentável são:

- Planejamento holístico e estratégico.

- Busca de uma subsistência duradoura e segura que reduza o esgotamento de recursos, a degradação ambiental, o rompimento cultural e a instabilidade social.

O desenvolvimento sustentável deve contemplar princípios de eqüidade em relação às populações economicamente marginais, assim como as limitações tecnológicas e sociais da capacidade do ambiente em atender às necessidades presentes e futuras, criando mecanismos de coordenação e controle para atingir os objetivos políticos do planejamento (Hall, 2001).

Principais contradições

Analisando as contradições existentes entre o planejamento do turismo para o crescimento econômico e os princípios do desenvolvimento sustentável e sua natureza, Hall (2001) destaca:

- A sustentabilidade trabalha com prazos indeterminados e o planejamento turístico opera em prazos determinados.

- A complexidade da indústria turística dificulta o planejamento estratégico.

- O desenvolvimento do turismo é, via de regra, fragmentado e mal coordenado.

- O crescimento desequilibrado entre a oferta e a demanda provoca o desenvolvimento do turismo sem a adequada adaptação do meio ambiente.

- Os princípios do planejamento comunitário e sua aplicação não são adequadamente conhecidos.

Planejamento turístico e hospitalidade

Normalmente o turismo tende a desenvolver-se de uma ótica de adaptação ao jogo do mercado, sem assumir compromissos com as demandas sociais, não considerando, como seria de esperar, as questões éticas envolvidas no planejamento.

A submissão ao mercado afasta o setor das questões básicas da hospitalidade. A idéia de acolhimento, de receber o outro, que está na origem da hospitalidade, assume dimensões que apontam para uma nova ética, uma política voltada para o acolhimento, o bem-estar. O planejamento que não considera as grandes minorias marginalizadas constituídas pelos meninos de rua, migrantes, desempregados, não leva ao desenvolvimento econômico, mas ao agravamento das desigualdades.

A lógica econômica tem conduzido os países a uma pobreza estrutural grave e ameaçadora, tratada como problema apenas conjuntural. Soluções técnicas, com bases científicas, muitas vezes não contemplam adequadamente necessidades sociais, uma vez que não consideram questões fundamentais. Somos seres humanos, não "coisas", fazemos parte do mundo e temos de respeitar a pessoa humana em todas as suas dimensões e em todos os lugares, assim como preservar o meio ambiente.

Planejamento e política

Essas colocações tornam evidente que toda ação de planejamento é, em sua essência, uma ação política e, como tal, envolve barganha, coerção, negociação, valores e compromissos entre os grupos sociais, resultando em um conjunto de decisões interdependentes, relacionadas de forma mais ou menos sistêmicas. A conseqüência primeira dessa constatação é de que, para que o processo de planejamento do desenvolvimento tenha sucesso, deve haver a elaboração de políticas governamentais que estabeleçam regras mínimas balizando o ordenamento da atividade.

Dessa forma, o planejamento passa a fundir-se com a elaboração de políticas, que é uma atribuição do Estado. Formadas a partir de um embate de forças entre parceiros desiguais, as políticas públicas direcionadas para o planejamento não contemplam os atores conforme suas necessidades, mas conforme a força política de cada um, como observa Jofre Dumazedier:[3]

> O homem de ação, por seu turno, não deve esquecer que o planejamento não é, em certo sentido, senão uma técnica de reflexão destinada a elucidar as grandes alternativas possíveis da decisão política, levando-se em consideração a evolução provável. É o homem político que tem a última palavra, mesmo que não tenha a primeira.

Assim, as ações políticas, antes de decisões técnicas, resultam de condicionantes oriundas do ambiente, dos valores, das ideologias, da distribuição de poder, das estruturas institucionais e dos processos de tomada de decisão, sendo influenciadas por grupos de pressão, indivíduos representativos, entidades burocráticas e outros que percebem as políticas de diferentes maneiras. Como conseqüência, no caso das políticas governamentais de turismo, há críticas constantes de que essas não se mostram adequadas ao desenvolvimento sustentável do turismo.

Considerações finais

O planejamento como processo capaz de promover o desenvolvimento da atividade turística com base em princípios éticos, voltados para o atendimento das necessidades humanas em um contexto de relações sociais múltiplo e complexo, apresenta-se comprometido pelas prioridades e pelos compromissos que integram a agenda política dos governos. No caso brasileiro, é sacrificado pela fragilidade econômica do país e pela administração do caixa pelo governo fede-

---

[3] DUMAZEDIER, Jofre. *Sociologia empírica do lazer*. São Paulo: Perspectiva: Sesc, 1999, p. 192. (Debates: 164.)

ral, cuja prioridade é manter estável a economia, na esperança de que isso estimule o crescimento.

Até a década de 1970, o ritmo da evolução permitiu o uso de técnicas tradicionais de planejamento, com uma relativa compatibilidade entre as metas alcançadas e os objetivos propostos. A aceleração do processo de mudança na economia, rumo à globalização, alterou esse cenário e introduziu necessidades novas que precisam ser incorporadas ao processo de planejamento. Hoje, a idéia de projeção dos negócios para o futuro foi substituída pelo conceito de visão dos negócios que prioriza a necessidade de obtenção de resultados visíveis em curto prazo, alterando, por conseqüência, todos os prazos do planejamento.

As mudanças exigem que o processo de incorporação de novas informações seja contínuo, de modo que o planejamento seja capaz de reagir e utilizá-las ao mesmo tempo que as incorpora. É importante para o planejador/gestor entender que a velocidade da mudança e a complexidade resultante da interação entre mudanças de diversas origens tornam necessário o monitoramento contínuo do processo.

Embora já se tenha consciência dos problemas gerados pelo planejamento do turismo orientado de forma equivocada no país, como demonstram muitos estudos realizados pelas universidades, em especial pelos departamentos de geografia, ainda não foram definidos novos parâmetros que possam ser incorporados às ações de planejamento de modo efetivo, permitindo consistência e agilidade para a atividade no atendimento das demandas sociais.

É importante ter em mente que o ambiente não é controlável por pessoas, empresas ou organismos, mas sim o resultado das interações múltiplas de todos os agentes com influência no processo. A mutação é um processo contínuo em que o fluxo de informações precisa ser continuamente avaliado para procurar um equilíbrio entre o ambiente em geral, a competência da oferta, as necessidades da demanda e a situação do mercado. Isso faz com que o planejamento seja um processo em contínua evolução, pois se alteram as relações, os parâmetros de avaliação, as expectativas e, conseqüentemente, as metas e previsões.

Entendemos que a pobreza estrutural que aflige nosso país não é uma fatalidade mas um desafio que precisa ser enfrentado pelos responsáveis pela formulação de políticas, pelos agentes sociais públicos e privados, por toda a sociedade na busca do estabelecimento de compromissos e regras que orientem as relações sociais sem submetê-las, de forma obrigatória, à lógica do mercado.

Planejar o futuro implica repensar o mundo, considerando o ser humano e suas teias de relações sociais, orientadas por compromissos assumidos de forma voluntária na busca coletiva de fins, no centro do desenvolvimento. Não se trata de recusarmos as regras do mercado que entendemos como necessárias, mas sim de estabelecer um equilíbrio entre essas regras e as demais que atuam no conjunto da sociedade. A economia deve ser orientada para satisfazer de forma eficaz as necessidades humanas, não para submeter o homem às suas "leis".

Compete ao Estado elaborar políticas que promovam a educação e a disseminação de informações, que criem as condições necessárias ao desenvolvimento do turismo localmente adequado, promovendo o respeito mútuo entre residentes e turistas e permitindo a participação das comunidades locais nas decisões do governo, por meio de programas de inserção.

Uma pauta como essa exige uma revisão dos modelos tradicionais de desenvolvimento e planejamento do turismo que tendem para uma estandardização dos produtos oferecidos. A mudança que se faz necessária tem um caráter mais qualitativo, requer uma mudança de atitude dos prestadores de serviço, permitindo-lhes que identifique de forma conveniente as necessidades das pessoas e responda a elas. As ações deverão ser qualitativamente diferentes, ultrapassando a troca comercial e possibilitando o desenvolvimento de relações que permitam um melhor uso do tempo livre por parte do turista, promovam a qualidade do entorno geográfico onde se localizam as atividades, incentivem e contribuam para o entorno social de toda a comunidade receptora, intensificando as relações sociais entre os visitantes e os visitados, hóspedes e hospedeiros, dentro de regras de hospitalidade conhecidas e aceitas por todos.

A qualidade turística requer a capacitação e a educação da comunidade, do reconhecimento e conservação do patrimônio e do entorno, da melhoria da imagem urbana e das relações entre os diferentes espaços orientados por uma política de planejamento e gestão cuja cultura envolva empresários, trabalhadores, turistas e hospedeiros, atentando igualitariamente às necessidades de todos.

Proposta de atividade

1. O professor deve solicitar aos alunos a leitura do capítulo; depois a formação de grupos de pesquisa de três a cinco alunos. Os grupos realizarão um seminário para discutir o conteúdo em sala de aula, com orientação do professor.

2. Cada grupo deverá estudar a possibilidade de elaboração de um plano ou projeto turístico para um município indicado pelo professor. (O professor deverá escolher municípios com informações acessíveis aos alunos em fontes secundárias, ou suficientemente próximos para que o grupo visite o local.)

3. Os alunos tentarão definir, por meio de pesquisa em fontes secundárias e/ou visitas ao município, quais são as regras que orientarão as ações de planejamento no local escolhido, considerando:

- as políticas existentes para o local em todas as esferas administrativas, municipal, estadual e federal;

- caracterização da ação política na localidade: partidos políticos, principais lideranças, existência de movimentos sociais e outros;

- características da comunidade residente: principais atividades, instituições influentes, peculiaridades etc. que possam ser detectadas por consulta a fontes secundárias;

- localização e situação estratégica da localidade no cenário regional: situação das demais cidades do entorno, principais ações e problemas que possam ser identificados no noticiário em geral;

- demandas da população que possam ser identificadas pelo conteúdo de publicações e jornais locais, e notícias da imprensa em geral;

- outras informações relevantes.

4. A partir dessas informações, o grupo deverá avaliar, com a elaboração de uma minuta, uma possível integração da atividade turística com as demais atividades existentes/planejadas na

localidade escolhida, considerando as possibilidades de estabelecimento de vínculos solidários entre as pessoas envolvidas.

5. O professor deve propor uma discussão em classe sobre as minutas elaboradas pelos grupos das diferentes localidades, procurando identificar características e elementos comuns entre os diferentes cenários.

6. Cada grupo deve elaborar um relatório indicando, em caráter preliminar, quais as questões principais a ser consideradas para a elaboração de uma ação de planejamento no local.

Observação: Os dados a ser observados deverão considerar a comunidade em sua totalidade e não apenas aspectos turísticos.

Avaliação: Os grupos deverão demonstrar capacidade de perceber a realidade local por meio da interpretação crítica das informações recolhidas.

Referências bibliográficas

ACERENZA, Miguel. *Administración del turismo. Planificación y direción*. México: Trillas, 1992, v. 2 (segunda reimpressão). Texto original de 1987.

_____. Reflexiones sobre la planificación en Latino América. In: *Investigaciones en turismo*. Lima: Universidade de San Martin de Porres, Faculdad de Turismo e Hotelaria. Ano 1, v. 1, 1997.

BARRETO, Margarita. *Planejamento e organização em turismo*. Campinas: Papirus, 1991.

BECKER, Bertha. Políticas e planejamento do turismo no Brasil. In: YÁZIG, Eduardo. *Turismo, espaço, paisagem e cultura*. 2. ed. São Paulo: Hucitec, 2002.

BENI, Mario Carlos. Política e estratégia de desenvolvimento regional. Planejamento integrado do turismo. In: RODRIGUES, Adyr (Org.) *Turismo e desenvolvimento local*. São Paulo: Hucitec, 1995.

BISSOLI, Maria Angela. *Planejamento turístico municipal com suporte em sistemas de informação*. São Paulo: Futura, 2000.

BOLAY, F. W. *Planejamento de projeto orientado para objetivos – método Zopp*. Recife, 1989. Tradução de Marcus Brose.

BOULLON, Roberto. *Proyectos turísticos: identificación, localización, dimensionamento*. México: Diana, 1995.

_____. *Planejamento do espaço turístico*. Bauru: Edusc, 2002.

CASAL, Francisco Manuel Zamorano. *Turismo alternativo*. México: Trillas, 2002.

CAVASSA, Cezar Ramirez. *La modernización e administración de empresas turísticas*. México: Trillas, 1994.

CRUZ, Rita de Cássia. *Política de turismo e território*. São Paulo: Contexto, 2000.

DENCKER, Ada de Freitas Maneti. *Métodos e técnicas de pesquisa em turismo*. São Paulo: Futura, 1998.

DIAS, Célia Moraes (Org.). *Hospitalidade: reflexões e perspectivas*. Barueri: Manole, 2002.

DIAS, Reinaldo. *Planejamento do turismo*. Política e desenvolvimento do turismo no Brasil. São Paulo: Atlas, 2003.

DIAZ, Edgard Alfonso Hernandes. *Planificación turística*: un enfoque metodológico. México: Trillas, 1998.

DUMAZEDIER, Jofre. *Sociologia empírica do lazer*. São Paulo: Perspectiva/Sesc, 1999. (Debates: 164.)

EMBRATUR. *Inventário da oferta turística*, outubro de 1993.

GOTMAN, A. La question de l'hospitalité aujourd"hui. In: *Communications, 65*. Paris: Ed. Du Seuil, 1997.

_____. *Le sens de l'hospitalité*. Paris: Presses Universitaries de France, 2001.

HALL, Michael C. *Planejamento turístico*: políticas, processos e relacionamentos. São Paulo: Contexto, 2001.

HARRIS, Rob; GRIFFIN, Tony; WILLIAMS, Peter. *Sustainable tourism*: a global perspective. Reino Unido: Butterworth-Heinemann, 2002.

HERMET, Guy. *Cultura e desenvolvimento*. Petrópolis: Vozes, 2002.

HERNANDEZ DIAZ, Edgar Alfonso. *Planificación turística: un enfoque metodológico*. México: Trillas, 1982.

IANNI, Octávio. *A era do globalismo*. 5 ed. Rio de Janeiro: Civilização Brasileira, 2001.

IGNARRA, Luiz Renato. *Fundamentos do turismo*. São Paulo: Pioneira, 2003.

KUAZAQUI, Edmir. *Marketing turístico e de hospitalidade*: fonte de empregabilidade e desenvolvimento para o Brasil. São Paulo: Makron Books, 2000.

KUNSCH, Margarida Maria Krohling. *Planejamento de relações públicas na comunicação integrada*. São Paulo: Summus, 1986.

LOPES, Carlos Thomaz G. *Planejamento, Estado e crescimento*. São Paulo: Pioneira, 1990.

MARTINS, Paulo Henrique. *A dádiva entre os modernos*. Petrópolis: Vozes, 2002.

MATHIESON, Alister; WALL, Geoffrey. *Tourism*: economic, physical and social impacts. Inglaterra: Pearson Education, 1992.

MOLINA, E. Sergio. *Planificación integral del turismo*: um enfoque para Latinoamérica. 2 ed. México: Trillas, 1991.

_____. *Turismo: metodologia para su planificación*. México: Trillas, 1997.

ORGANIZAÇÃO MUNDIAL DE TURISMO. *Desenvolvimento de turismo sustentável*: manual para organizadores locais. Publicação de Turismo e Ambiente. Brasil: MIC: Embratur, 1994 (PNMT).

RABAHY, Wilson. *Planejamento do turismo*. São Paulo: Loyola, 1991.

_____. *Turismo e desenvolvimento*: estudos econômicos e estatísticos no planejamento. Barueri: Manole, 2003.

Rose, Alexandre Turatti. *Turismo*: planejamento e marketing. Barueri: Manole, 2002.

Ruschmann, Doris. *Turismo e planejamento sustentável*. Campinas: Papirus, 1997.

Sung, Jung Mo. *Conhecimento e solidariedade*. São Paulo: Salesianas, 2002.

Swarbrooke, John. *Turismo sustentável*: conceitos e impacto ambiental, v. 1, 3 ed. São Paulo: Aleph, 2000.

_____. *Turismo sustentável*: meio ambiente e economia, v. 2. São Paulo: Aleph, 2000.

_____. *Turismo sustentável*: setor público e cenários geográficos, v. 3. São Paulo: Aleph, 2000.

_____. *Turismo sustentável*: gestão e marketing, v. 4, 2 ed. São Paulo: Aleph, 2000.

_____. *Turismo sustentável*: turismo cultural, ecoturismo e ética, v. 5. São Paulo: Aleph, 2000.

Westwood, John. *O plano de marketing*: guia prático. 2 ed. São Paulo: Makron Books, 1996.

Planejamento e gestão estratégica em hospitalidade comercial: enfoque conceitual

Vladimir Amâncio Abreu

Paradigmas, hermenêutica, ontologia e epistemologia da hospitalidade

A apresentação de casos de gestão empresarial, especialmente de estratégia empresarial, é uma forma de ensinar e aprender o pensamento estratégico muito utilizado por professores, palestrantes e consultores (Abreu, 2003). Mas ao fazermos pesquisa científica em Administração e Hospitalidade, bem como em Ciências Sociais aplicadas à Hospitalidade, devemos ir mais longe e nos interrogar sobre a ontologia da hospitalidade (Qual o "Ser" da hospitalidade? Qual a essência e natureza íntima da hospitalidade?). Do contrário, ficaremos repetindo histórias e "estórias", "contando casos", sem fazer "estudos de caso", tal como a metodologia científica apregoa.

a) Estudos de caso

A descrição de um caso, com mais ou menos engenho e arte, mas sem preocupação com a *exegese* (significados), com a *hermenêutica* (interpretação dos sentidos, dos conceitos e conteúdos do caso no contexto) e com a *epistemologia* (teoria da ciência, estudo de como se aprende e se passa de um conhecimento para outro superior), virá em prejuízo da oportunidade de reflexão e desenvolvimento de conhecimento em gestão. Ela se transformará em exemplificação, de pouca ou nenhuma reprodutibilidade na busca da regularidade, da lógica, da causalidade e das probabilidades, que nos permitem elucidar, explicar, fazer previsões e condicionar os processos por meio de estudo científico de um fenômeno. Isto é, embora possa ser cativante e de grande atrativo para a captação de um público ávido por relatos interessantes de casos de gestão bem-sucedida, será muito mais um *show* do que ciência da Administração, muito mais forma do que conteúdo em ciência.

b) Reflexão e análise: base da gestão

Interpretar, refletir e debater sobre as delimitações e definições da Gestão em Hospitalidade se impõe para pesquisadores em Administração e em Hospitalidade como um corolário de seu espírito científico. Não é indiferente, apesar da eventual utilidade, praticidade e lucratividade, apenas nos servirmos dos relatos e das descrições dos *cases* em Administração ou Hospitalidade vivenciados ou conhecidos por nós para ensinar Gestão em Hospitalidade. Para nós, interessa questionar e pesquisar os paradigmas, as metodologias, as técnicas dessas duas áreas do conhecimento em simbiose sinergética.

Existe, entretanto, uma enorme desproporção entre a hermenêutica, a ontologia e a epistemologia para essas duas áreas, mesmo que, concretamente, a primeira obra com pretensões de cientificidade em Administração (*Teoria da administração científica*, de Frederick Taylor) tenha aparecido só em 1911.

Embora a hospitalidade, a inospitalidade e a hostilidade sejam traços da personalidade e cultura humanas desde sempre, são relativamente recentes os estudos, debates e trabalhos sobre a hospitalidade no ambiente acadêmico. Estamos em processo de busca e construção de um saber sobre o que se constitui o "Ser" da hospitalidade, em sua interface com a Psicologia, a Comunicação, a Antropologia, a Sociologia e a Administração, ou até eventualmente com as Biociências e a Medicina! Afinal, não poderia o traço hospitaleiro do anfitrião estar contido geneticamente no código do DNA como tem sido descoberto para algumas características humanas, como os traços do temperamento? Como poderemos saber? Por isso, é necessário e oportuno pesquisar sobre tudo o que possa estar de alguma forma relacionado à Gestão da Hospitalidade Comercial. Comecemos com o "Ser" da hospitalidade.

c) Definindo variáveis na hospitalidade comercial

Debater sobre o conceito de Ser é uma das tarefas mais antigas e complexas da Filosofia. Pode parecer paradoxal, pois efetivamente não há nada que não seja "Ser". Entretanto, muitas vezes, é mais fácil explicitar o que um Ser não é. Por exemplo, Camargo (2002), ao mesmo tempo que apresenta uma teoria de hospitalidade, debate e explica que hospitalidade não é hospedagem. Se assim procedermos, vamos melhorar a compreensão hermenêutica do Ser hospitalidade e tornar factíveis estudos e pesquisas exploratórias acerca do tema.

Por isso, uma postura inicial para a pesquisa da Gestão em Hospitalidade Comercial pode ser a *identificação de variáveis* que sejam, de algum ponto de vista, pertinentes, indicadoras do Ser hospitalidade em contraste com as que não sejam, pois ainda não existem uma ontologia e uma hermenêutica unanimemente aceitas para interpretar o significado de hospitalidade.

Um procedimento decorrente seria tomar-se variáveis que, além de não serem indicadoras de hospitalidade, foram formadas por evolução em direção oposta: antítese. Por esse método dialético, estudaríamos quando a hospitalidade se transforma em seu contrário e daí, por um processo de síntese, chegaríamos a algum novo conhecimento sobre a hospitalidade. Por exemplo, quais são as circunstâncias em que o anfitrião não tem mais o mesmo sentimento de hospitalidade que o motivou inicialmente? Ou, então, quais são as variáveis, os valores ou as razões que fazem alguém se perceber tratado de forma inóspita em algum estabelecimento?

Ainda outro procedimento de pesquisa é a reflexão sobre o conceito de Vir-a-Ser. Enquanto o ser é estático, o Vir-a-Ser é dinâmico, pois ele busca levar em consideração o movimento da realidade, a dinâmica da mudança dos "seres de cada Ser" ao longo da História. Por isso, muito importante para a discussão sobre o conceito geral do Ser é a análise de formas, ou melhor, de categorias do Ser. Nesse caso, a pesquisa sobre a existência ou não de uma entidade chamada hospitalidade comercial passa a ser feita dentro de um quadro evolutivo por meio de categorias antropológicas, sociais, econômicas, políticas etc.

O procedimento hermenêutico filológico vai ser de utilidade nessas pesquisas em Hospitalidade, pois se conseguirá detectar as modificações no conceito de hospitalidade, até chegarmos à hospitalidade comercial. Todavia, o grande ponto fraco da filologia (estudo da língua e dos registros que a documentam) e da filologia comparada é a falta de preocupação com a língua viva; é o fato de tomar como ponto de referência o passado, com uma visão voltada para trás, o que se contrapõe frontalmente com a prática determinante da ciência contemporânea: projeção para o futuro. Isto é, embora seja sempre relevante o referencial histórico, o que importa para a Administração é o quadro atual e o Vir-a-Ser da hospitalidade, pois a primeira função de Administração, o Planejamento, exige prospecção e cenários sobre os significados e as atitudes futuras, com base na situação atual.

d) Prospecção e gestão da hospitalidade

Devemos, pois, pesquisar a hospitalidade, especialmente a gestão em hospitalidade comercial, visando ao futuro mas com base no presente, no que a sociedade interpreta, aceita e reconhece como hospitalidade. Não se faz a administração da hospitalidade comercial interpretando-a tal como ela se apresentava, em um tempo em que não havia sequer teorias sobre gestão empresarial.

Para Dithey (apud Encarnação, 1998), a *exegese* (arte de interpretar minuciosamente as palavras – fora dos contextos) nasceu na Grécia pelas controvérsias no entendimento do texto clássico. Foi adquirindo bases mais seguras com a *retórica* (regras para enfatizar) e a *filologia* (estudo da língua em toda a sua amplitude). Mas, da tentativa de afastar falsidades na interpretação de textos religiosos, resultou na disputa conflituosa sobre a melhor interpretação dos textos bíblicos, entre a Igreja cristã e os judeus. Para contornar essa disputa teológica nasceu a hermenêutica de caráter científico, na qual se percebeu que uma interpretação, com valor universal, é improvável, ou, na verdade, impossível. Semler (apud Encarnação, 1998) apregoa, por isso, que o estudo e a interpretação devem ser apoiados no uso lingüístico e nas circunstâncias históricas. Com isso o estudo e a interpretação se livram de compromisso com a tradição ou o dogma. Segundo Palmer (apud Encarnação, 1998), o projeto de uma hermenêutica geral foi esmorecendo e as preocupações mudando-se para o estudo, a interpretação e a compreensão nos limites de disciplinas particulares. A fórmula aceita passou a ser a interpretação de um fenômeno com base em uma ou mais disciplinas. Por exemplo, se estuda e interpreta a hospitalidade no escopo da Antropologia, da Religião, da Psicologia, da Administração etc.

e) Formação de paradigmas

Esta fórmula, quando bem-sucedida, propicia o aparecimento de modelos ou moldes: algo a ser reproduzido, algo em que se inspira e serve de exemplo. Após algum tempo, à medida que a comunidade de pesquisadores for reafirmando e legitimando a crença na eficácia desse molde, tem-se o aparecimento de um conjunto de hipóteses sobre a estrutura ou o comportamento de um sistema, por meio do qual se procura explicar em uma teoria científica.

Essa é, de maneira simplificada, a fórmula do aparecimento dos paradigmas, conceito fundamental da epistemologia de Thomas Kuhn, desenvolvido em A *estrutura das revoluções científicas* (2000). Designa uma teoria científica ou uma visão do mundo, incluindo métodos e recursos, experiências e resultados obtidos. Indica linhas de investigação que congregam a comunidade científica, estabelecendo metas e objetivos comuns com um quadro conceitual que orienta a atividade da ciência na solução de autênticos "quebra-cabeças". É o paradigma que estabelece os problemas a resolver e as soluções aceitáveis. Enquadra a atividade da ciência dentro da normalidade, impedindo-a de dispersão, rejeitando questões que sejam classificadas como não importantes para sua consolidação, excluindo todos os que não aderirem ao paradigma.

Quando uma ciência tem um paradigma e evolui de forma contínua, atravessa uma etapa que Kuhn considera ser de uma Ciência Normal. Durante esse período, o mundo ao qual essa ciência se aplica é visto por todos os seus praticantes segundo uma mesma perspectiva. A certa altura, alguns dos praticantes dessa ciência começam a defrontar-se com dificuldades conceituais e chegam à conclusão de que a forma de ver o mundo em que essa ciência se baseia não é a mais adequada. Com o paradigma inadequado, algo que é correto pode ser visto como incorreto e vice-versa. Começa-se a desconfiar que o mundo deva ser olhado de outra maneira. Quando se descobre um paradigma distinto, sobre o qual é possível basear o desenvolvimento de uma ciência, Kuhn diz que se está em um período de Ciência Revolucionária.

Todavia, a dificuldade pode estar não no erro de paradigma, mas na falta dele. Thomas Kuhn descreve como ciências imaturas aquelas que ainda não têm paradigmas e que, como tais, nem sequer podem ser consideradas ciências. Um investigador que pretenda fazer ciência na ausência de um paradigma unificador depara com uma coleção arbitrária de conceitos não organizados, sem nenhuma estrutura integradora capaz de lhes dar coerência e unidade, ou então com múltiplas propostas de estruturas integradoras inconciliáveis entre si.

f) O paradigma da hospitalidade comercial

Essa constatação de Thomas Kuhn nos remete a duas questões importantes: existiria já um paradigma para a hospitalidade? Ele se aplicaria também à hospitalidade comercial? O mais provável é que não, a julgar, por exemplo, pelas colocações de Camargo (2002 e 2003) e Grinover (2002).

O conceito de paradigma tornou-se tão popular a partir das propostas de Kuhn que hoje significa, mesmo na linguagem corrente, uma maneira de ver a realidade. Trata-se de um conceito particularmente importante para compreender não apenas a ciência mas a própria vida em sociedade.

Considerando-se que o conhecimento científico em Ciências Sociais se desenvolve dentro de paradigmas, pesquisamos para encontrar as bases do paradigma da hospitalidade. Assim é que vamos encontrar em algumas idéias de Douglass North (prêmio Nobel de Economia de 1993) novos aspectos conceituais para abordar a hospitalidade comercial. Para North, o desenvolvimento de uma sociedade em certo tempo é determinado pelas regras e normas, formais e informais, bem como pelas instituições que garantem a aplicação dessas regras. É em razão principalmente das relações comportamentais que se pode medir quanto à evolução dessa sociedade, ao longo de tempo, é dependente das condutas sociais. É relativamente fácil prescrever normas, leis e regulamentos, mas como o código não-verbal de comportamento é mais difícil de ser alterado, as mudanças institucionais serão em geral mais graduais do que radicais.

Os indivíduos buscam seus interesses de maneira racional, o que não implica necessariamente que avaliem de forma correta as opções disponíveis, nem que possam medir com precisão as conseqüências de suas opções. Eles, em geral, obedecem a modelos mentais de representação da realidade. Os modelos mentais são criados pelos indivíduos para interpretar o ambiente em que vivem, enquanto as instituições são órgãos, associações ou mecanismos formais que a sociedade desenvolve para atuar sobre esse ambiente (North, apud Bueno, 2003).

g) Conceito de hospitalidade comercial

Com base nessas idéias de North, a hospitalidade pode ser vista como um modelo mental para o acolhimento e a hospitalidade comercial como instituição. Isto é, a hospitalidade de um povo, em uma região ou de uma época, seria caracterizada pelas representações criadas pelos indivíduos daquela sociedade, sobre como receber, acolher, incluir. A hospitalidade comercial, por conseguinte, vai se referir às instituições relacionadas à hospitalidade, desenvolvidas por essa sociedade para atuar nos ambientes dominados por relações mercantis e profissionais, tais como restaurantes, eventos, feiras, parques temáticos, hotéis etc.

Quanto mais bem definidas estiverem as regras, normas e princípios caracterizadores da hospitalidade comercial, mais fácil será a aplicação dos princípios da gestão comercial à hospitalidade. Ou seja, quanto mais critérios pessoais subjetivos como amizade, parentesco, empatia, tolerância e troca de favores estiverem influenciando as transações comerciais, mais difícil será trabalhar e administrar a hospitalidade comercial. Inversamente, quanto mais mecanismos impessoais seguros e confiáveis embasarem as "regras do jogo" para a conduta do dia-a-dia no acolhimento das pessoas, mais fácil será distinguir hospitalidade comercial de pessoalidade, subjetividade, politicagem etc.

Uma vez caracterizada a hospitalidade comercial dentro das relações mercantis, as pesquisas de gestão em hospitalidade poderão ser referidas aos paradigmas da Administração. Ou seja, na ausência de um paradigma estabelecido para a hospitalidade comercial, podem-se desenvolver as pesquisas a partir do muito que já se pesquisou sobre administração em serviços, atendimento ao cliente, marketing, planejamento estratégico para hospitalidade etc.

Assim, nesta parte final da análise, vamos nos referir aos modelos e às maneiras de pensar a Administração.

Paradigmas, escolas e teorias da administração e gestão da hospitalidade comercial

A Administração não é considerada uma ciência exata. Entre as Ciências Sociais Aplicadas, ela se encaixa em um espaço com muitas fronteiras, pois recebe influências da Economia, da Psicologia, da Sociologia, das Ciências Políticas, do Direito etc.

A complexidade dos fatores que culminam na rentabilidade de uma empresa é tão grande que não é possível garantir a efetividade de um modelo normativo racional para gestão empresarial. É improvável que alguém consiga definir critérios orientadores que possam ser seguidos de forma absoluta, no contexto de incerteza e mudança aceleradas em que se vive atualmente em qualquer empresa.

A convivência com a mudança paradoxalmente virou rotina. O paradigma passou a ser a pouca longevidade dos paradigmas. Se fizermos um levantamento na bibliografia sobre gestão empresarial, será possível identificar um grande número de modismos e conceitos como: Desenvolvimento Organizacional (DO), Administração por Objetivos (APO), Teoria Z, Análise Transacional, Qualidade de Vida no Trabalho, Job Enrichment, Orçamento Base Zero, Análise de Valores, Downsizing, CCQ, Kaizen, Zero Defeito, PDI, TQC, JIT, Kanban, KT, 5s, ISO9000, Neurolingüística e Reengenharia, Arquitetura Organizacional, Out-Replacement, Learning, Organization Resiliência e Empregabilidade (Moggi, 1994). São modismos que aparecem e desaparecem na mesma velocidade que surgiram. Essas práticas são uma indicação da busca permanente de algum paradigma diante do ambiente turbulento em que operam as organizações.

a) Racionalismo e controle

Desde o início, as organizações se caracterizaram pela divisão do trabalho e do poder, estabelecendo normas, regras e regulamentos que deveriam ser cumpridos por imposição. No início do século XX, quando surgiram os pioneiros da racionalização do trabalho (Frederick Taylor e Henri Fayol, pais da Escola de Administração Científica), tornou-se hegemônica a afirmação de que alguém seria um bom administrador à medida que planejasse cuidadosamente seus passos, organizasse e coordenasse racionalmente as atividades de seus subordinados e soubesse comandar e controlar suas atividades (Santos e França, 1995). Essa escola foi criticada pelo modelo das Relações Humanas (Mary Parker Follet, Elton Mayo, Barnard), o qual se propôs a corrigir a desumanização do trabalho surgida com a aplicação de métodos rigorosos, científicos e precisos, aos quais os trabalhadores deveriam submeter-se. Surgiu depois a teoria da burocracia na administração, ancorada nos estudos da sociologia de Max Weber, e em Barnard, Simon e Mc. Gregor, na área de administração.

Entre os anos 1950 e 1970, numa tentativa de integrar as várias ciências naturais e sociais, os estudiosos das organizações passaram a lidar com uma teoria geral dos sistemas, entendido como complexo de elementos em interação e em intercâmbio contínuo com o ambiente.

Outro modelo adotado pelos administradores foi a Teoria da Contingência, a partir de pesquisas que detectaram que a estrutura de uma organização e o seu funcionamento são dependentes da interface com o ambiente externo e que não há uma única e melhor forma de organizar (Santos e França, 1995).

Mais ou menos nos anos 1950/1960, surge a teoria neoclássica, ou modelo de administração por objetivos, proposta por Drucker e Humble, que se define como uma técnica de direção de esforços por meio do planejamento e controle administrativo fundamentado no princípio de que, para atingir resultados, a organização precisa antes definir em que negócio está atuando e aonde pretende chegar. Na década de 1960, percebeu-se o ambiente como de mudança e turbulência constantes, o que exigia novas propostas diante do obsoletismo dos processos tradicionais de planos de médio e longo prazos. Surge a era do planejamento estratégico, que evolui nos anos 1970 para administração estratégica, representada pelos autores Ansoff, Mintzberg e Porter, que procura definir onde, quando, com quem e como a empresa realizará seus negócios.

Novos modelos surgiram nos últimos anos, como o modelo de administração participativa, o de administração japonesa (ou toyotismo), de administração empreendedora e o de administração holística.

Contudo uma análise mais cuidadosa do funcionamento da maioria das empresas nos permite descrevê-las como organizações burocráticas, caracterizadas ainda hoje pela racionalização e departamentalização de funções e pela hierarquização do poder administrativo.

Ou seja, a análise comparativa de todas as noções que se seguiram às de Taylor revela-nos que, no fundo, não passam de adaptações ao modelo básico de controle da teoria clássica.

A necessidade de tentar estar no controle da situação tem raízes históricas na ciência e mente humana. A tentativa de quantificar, medir e ordenar aparece como uma busca incessante do homem racional de dominar as realidades que sempre foram complexas e trazem componentes inexplicáveis, não-interpretáveis, não controláveis, da ordem e do caos. Por isso, a busca frenética pelo controle na Administração: organizar e ordenar, para melhor controlar.

A Administração tem contribuído para construir uma ideologia gerencial na qual as questões são avaliadas a partir da perspectiva da racionalidade econômica, pela otimização dos meios, com rapidez, em busca da eficácia, para a produtividade. Tudo o mais é visto como desperdício (Chanlat e Bedard, 1992).

Isso resultou na metáfora mais difundida para uma organização, a da máquina de funcionamento harmônico e previsível, já estudada em sua relação com a hospitalidade em "A máquina de hospitalidade" (apud Dencker e Bueno, 2003). Tudo deve estar organizado e ordenado de forma a garantir um perfeito funcionamento da máquina. Daí as hierarquias e suas formas piramidais como instâncias ordenadoras.

b) Os novos gurus da administração

Todavia, transformações constantes fazem com que os paradigmas tradicionais da Administração estejam constantemente em desatualização. Sem sua revisão permanente, não é possível adaptar as organizações aos novos desafios.

Ante a falta de um paradigma único de gestão, proliferam "gurus da Administração". Nomes como Charles Handy, Tom Peters e Peter Drucker, entre outros, tornaram-se referência para muitos profissionais e professores, mesmo que algumas vezes não sejam constantes em seu quadro de análise, quando submetidos ao rigor da metodologia científica.

Em trabalho de 1996, Garreth Morgan apresenta outras metáforas organizacionais como alternativa à administração de estilo mecanicista. Uma delas descreve a empresa como cérebro cibernético auto-organizativo; outra apresenta a organização como prisão psíquica, composta de consciente e inconsciente com seus fantasmas e representações de morte e imortalidade, sexualidade, ansiedade. Na metáfora das organizações como organismos vivos, elas nascem, crescem, interagem e morrem, em um ciclo próximo do biológico. Também existem as metáforas de sistemas políticos e instrumentos de dominação (Pagès *et alii*, 1987) e a metáfora das organizações como culturas: redes de signos e significados organizados que expressam ou ocultam intrincadas relações corporativas.

Essas metáforas fazem com que se possa transcender a visão do mundo e das organizações como máquina e nos proporcionam várias novas abordagens para realizar pesquisas a respeito da hospitalidade comercial. Permanece, contudo, a fantasia (ou seria ideologia?) da organização como um grupo hospitaleiro, acolhedor, receptivo, inclusivo, em que não haverá, senão como exceção, a hipocrisia e o cinismo, na luta pelo poder entre pessoas e grupos com valores e interesses conflitantes. Há como uma negação, uma recusa, um bloqueio a lidar com o fato de que em geral falta hospitalidade nas organizações. Ou seja, pode-se afastar a visão cartesiana mecanicista do mundo, mas não dá para afirmar que se encerra com isso o modelo mecanicista de administrar e atribuir signos e símbolos às organizações.

Considerações finais e recomendações

Para a gestão da hospitalidade, isto é um complicador: como se proceder à gestão da hospitalidade comercial, se as organizações, até mesmo aquelas que trabalham com a hospitalidade de maneira mais explícita, como regra geral, não se ocupam em ser intrinsecamente hospitaleiras?

Como visto, as possibilidades de alteração dessa ordem de coisas vão esbarrar em uma cultura administrativa de exercício do poder, a partir do controle da informação, dos atos e da vida das outras pessoas.

Para o ensino e a pesquisa de Administração Estratégica aplicada à Hospitalidade, a proposta conceitual será inverter a ordem histórica de aplicação das teorias de Administração (da Teoria da Contingência para o Fordismo, portanto!) e trabalhar essencialmente as teorias e os paradigmas mais recentes aplicados à gestão da hospitalidade comercial (Qualidade Total, APO, Análise Transacional, Qualidade de Vida no Trabalho, Job Enrichment, Análise de Valores, Kaizen, Zero Defeito, JIT, Kanban, 5s, Neurolingüística, Arquitetura Organizacional, BSC e Learning Organization, por exemplo). Justifica-se essa recomendação, pois os paradigmas e modelos mais recentes de gestão foram constituídos em uma realidade social, política e econômica de prestação de serviços, em vez de manufatura nas linhas de montagem industrial; de maior democracia e liberdade de comunicação e expressão; de maior valorização humana e de considerações sobre a sustentabilidade. Assim, poderão ser propostas modificações possíveis na gestão em hospitalidade comercial, não apenas para controlar a natureza e os homens, como preferem muitos administradores, mas para aprender um pouco mais sobre o significado da hospitalidade em nossa vida e em nosso trabalho.

Por enquanto a melhor abordagem metodológica parece ser a minimização do uso do paradigma clássico e neoclássico da administração, prevalecendo um ambiente de boa vontade e de ação comunicativa assertiva na relação tanto com o público externo quanto com o público interno.

A mudança necessária será, por isso, cultural em direção à gestão interdisciplinar da hospitalidade comercial, com enfrentamento das dificuldades decorrentes: essa mudança vai acontecer em ritmo lento, pela substituição gradual de valores, símbolos e mitos, e só surtirá efeito se os membros da organização realmente perceberem a hospitalidade como necessária e desejável.

Aos pesquisadores e profissionais de Gestão da Hospitalidade Comercial, cabe atentar aos movimentos necessários para implantação dessa gestão interdisciplinar, reforçando este e outros aspectos conceituais nos *case*s emblemáticos.

Proposta de atividade

O professor deve solicitar ao aluno que descreva em uma lauda o resultado das seguintes tarefas, de forma clara e objetiva:

- definição do tema de um projeto de pesquisa sobre hospitalidade comercial, com a identificação de um problema e a descrição de suas bases teóricas conceituais;

- seleção de conceitos compatíveis com o paradigma escolhido e o objeto a ser investigado;

- operacionalização das variáveis para estudo do conceito escolhido pela seleção de situações a ser observadas ou questões a ser formuladas.

Para a realização do trabalho, os alunos deverão pesquisar as fontes bibliográficas e documentais, de modo a estabelecer um referencial teórico/base para a elaboração do conteúdo.

Referências bibliográficas

ABREU, Vladimir Amâncio de. A máquina de hospitalidade. In: DENCKER, A. F. M e BUENO, M. S. (Org.). *Hospitalidade*: cenários e oportunidades. São Paulo: Pioneira Thomson, 2003.

_____. O ensino do pensamento estratégico para o planejamento turístico. In: *II Congresso brasileiro de ensino e pesquisa em turismo*, 2003. Campo Largo.

BUENO, Newton Paulo. A nova economia institucional e a historiografia clássica do período colonial brasileiro. In: *Anais do V congresso brasileiro de história econômica*. 7 a 10 de setembro de 2003, Caxambu.

CAMARGO, Luis Octávio de L. Turismo, hotelaria e hospitalidade. In: DIAS, Celia (Org.). *Hospitalidade*: reflexões e perspectivas. Barueri: Manole, 2002.

_____. Os domínios da hospitalidade. In: DENCKER, Ada Freitas Maneti e BUENO, Marielys Siqueira (Org.). *Hospitalidade*: cenários e oportunidades. São Paulo: Pioneira Thomson, 2003.

CHANLAT, A.; BEDARD, R. Palavras: a ferramenta do executivo. In: CHANLAT, Jean François (Coord.). *O indivíduo na organização*: dimensões esquecidas. São Paulo: Atlas, 1992.

ENCARNAÇÃO, João Bosco da. *Que é isto, o direito?* Introdução à filosofia hermenêutica do direito. São José dos Campos: Stiliano, 1998.

GRINOVER, Lucio. Hospitalidade: um tema a ser reestudado e pesquisado. In: DIAS, C. (Org.). *Hospitalidade*: reflexões e perspectivas. Barueri: Manole, 2002.

KUHN, Thomas. *A estrutura das revoluções científicas*. 5 ed. São Paulo: Perspectiva, 2000.

MOGGI, Jair. Processos de mudança. In: BOOG, Gustavo G. (Coord.) *Manual de treinamento e desenvolvimento* – ABTD. São Paulo: Makron Books. 1994.

MORGAN, G. *Imagens da organização.* São Paulo: Atlas, 1996.

PAGÈS, Max et al. *O poder das organizações.* São Paulo: Atlas, 1987.

SANTOS, Silvio Aparecido; FRANÇA, Sandra. *Evolução dos modelos de administração*: passado, presente e futuro da empresa no período de 1903-1995. São Paulo: Faculdade de Economia e Administração da Universidade de São Paulo, 1995 (Mimeogr.).

Planejamento e gestão da hospitalidade no turismo receptivo

Hilário Ângelo Pelizzer

A atividade do setor de turismo cresce rapidamente em todo o mundo, gerando e garantindo um avanço econômico, social e político nos mais diversos países e regiões, e permitindo, assim, viagens de lazer, turismo de negócios, estudo do meio, expansão do mercado de trabalho e geração de empregos diretos e indiretos.

Os programas que visam apresentar ao turista uma cidade ou região, compostos de um quadro de serviços de recepção ao viajante ou turista em um local ou cidade (núcleo receptor), formam o que denominamos turismo receptivo.

Essa contribuição visa mostrar as potencialidades do turismo receptivo do interior do Estado de São Paulo que ainda não são adequadamente trabalhadas como grande destinação turística pelas agências especializadas em turismo rodoviário doméstico segmentado ou especializado.[1] O turismo do interior apresenta condições para estruturar-

---

[1] Os dados são apresentados de forma descritiva, com base em pesquisa exploratória realizada com agências de viagem, interpretados pela vivência e atuação no setor, complementados pela reflexão acadêmica de acordo com os parâmetros de hospitalidade. Na prática observou-se a ausência de integração entre possíveis mercados emissivos e receptivos e vice-versa, e menos ainda a existência da interconexão. A base de sustentação do referencial teórico e metodológico é a Teoria da Organização Humana (TOH), a Teoria dos 14 Sistemas Sociais Específicos (SSE) (Müller, 1968).

se para receber, e o novo turismo segmentado ou especializado – que é o turismo pedagógico ou estudo do meio –, integrado com as escolas e universidades, é estratégico para a gestação de novas relações hospitaleiras na sociedade. A demanda turística desse segmento pode ser na direção da capital para o interior, e do interior para a capital; ou ainda do interior para o interior, interior/capital/litoral e vice-versa. Essa visitação orientada poderá ampliar as relações de hospitalidade entre os habitantes dos diferentes espaços do Estado, além de abrir perspectivas para as agências de turismo especializadas nesse tipo de turismo.

O turismo do interior do Estado de São Paulo possui força para gerar renda e emprego, atraindo demandas interna e externa, além de investimentos e promoção de eventos locais/regionais/nacionais e internacionais. Sua localização e condições de infra-estrutura de acesso, comunicações, sistema viário, potencialidades naturais, folclóricas, culturais, gastronômicas, lazer/entretenimento, esportivas e termais, além do turismo religioso, o tornam competitivo e hospitaleiro. Os eventos esportivos, culturais, gastronômicos, artísticos, musicais e de agro-flora e agropecuária reforçam o Estado de São Paulo como um "peso" pesado na indústria de viagens.

Um olhar sobre o turismo municipal no Estado de São Paulo

Há muito tempo o turismo municipal no Brasil carece de organização, planejamento, gestão, controle e assistência técnica permanente. Essa situação decorre de um mal maior, que é a ausência de uma Política Nacional de Turismo clara e objetiva, contemplada em um Plano Nacional de Turismo (PNT), definida pelo governo federal por intermédio de seus órgãos competentes (Ministério do Turismo, Embratur etc.) efetivamente implantada. Falta também uma Política Estadual de Turismo igualmente clara e objetiva que incentive e direcione o turismo, o que causa entraves e dificulta o avanço da atividade. Também no momento atual podemos perceber que o planejamento governamental, no âmbito das três esferas (federal, estadual e municipal), continua sem uma perspectiva clara de execução.

A atividade turística, entretanto, não pára. Enquanto esperamos por políticas efetivas, agimos, tomamos decisões e atuamos no processo de desenvolvimento do turismo no Estado de São Paulo usando o bom senso, porém, nem sempre no rumo certo.

Em artigo publicado no Caderno Virtual de Turismo de nº 10, p. 2, pelo Instituto Virtual de Turismo (IVT/RJ), sob o título "Plano Nacional de Turismo: uma análise crítica", há uma definição do que é planejamento governamental:

> Planejamento é um processo contínuo de tomadas de decisão, voltado para o futuro e para a perseguição de um ou mais fins. Como processo, o planejamento tem um forte sentido de intangibilidade e não pode, portanto, ser confundido com um plano, que é um documento que reúne um conjunto de decisões sobre determinado tema/área/setor. Planejamento governamental nada mais é do que o planejamento que se faz no âmbito das administrações públicas, considerando-se suas diferentes escalas de gestão.

O turismo municipal no Estado de São Paulo caracteriza-se pela atuação individualizada de cada município e seus problemas conseqüentes, que têm como maior prejudicado o turista ou visitante, que não tem seus desejos e necessidades satisfeitos. Ainda é prejudicado o empresário (ou investidor), pela rentabilidade menor sobre o capital empregado, em conseqüência do maior prazo necessário ao retorno sobre o investimento ou pelo prejuízo causado por equipamentos que operam ociosamente. Também os municípios são prejudicados, pois não aproveitam plenamente o efeito salutar de transferência de renda que o turismo pode propiciar de forma direta para a comunidade ou população residente.

A ausência de sensibilidade das autoridades municipais dessa relação entre o turismo e as necessidades das populações residentes é um dos fatores que geram hostilidade nas comunidades. Isolada e dissociada do processo de desenvolvimento do turismo e da criação de equipamentos e benefícios para os visitantes, a comunidade acaba usufruindo dos benefícios resultantes dos investimentos no turismo. Para que o turismo possa desenvolver-se em harmonia com as demandas locais, a comunidade precisa fazer parte do processo, participando sempre das decisões pertinentes ao turismo receptivo, como alternativa de desenvolvimento social, econômico, político e cultural.

Causas da exclusão da comunidade do processo de desenvolvimento do turismo

As mais significativas são:

- origem do empresário;
- incapacidade do poder público municipal;
- ausência de uma política municipal de turismo;
- falta de ação conjunta entre iniciativa privada e o poder público;
- carência de mão-de-obra qualificada e competente;
- falta de verbas para o setor de turismo.

A maioria do empresariado atuante no turismo é originária de outras atividades. São empresários sem tradição de atuação no setor que foram atraídos, há algum tempo, pela ilusão de obtenção fácil de lucro, com um risco relativamente baixo, e surpreendidos por uma realidade que se mostrou diferente da expectativa. Na realidade, o turismo, como as demais atividades econômicas, ressalvando suas características próprias, exige organização, planejamento, decisão política, gestão empresarial integrada, dinamismo empresarial, aperfeiçoamento constante, evolução de sistemas e métodos e um perfeito entendimento das alterações que se processam em relação aos hábitos e costumes do turismo.

Hoje o consumidor do turismo – o turista (passageiro, excursionista, usuário, viajante, visitante, cliente, demanda, consumidor...) – é mais exigente. As possibilidades de escolha e seleção se ampliaram, e o empresário está ciente de suas limitações para acompanhar a evolução dos negócios. Essa situação não é inédita no Brasil. Já ocorreu, por exemplo, com os empresários de revenda de veículos, que sentiram, a certa altura da evolução de seus negócios, que não bastava o proprietário de uma "revenda autorizada" vender um automóvel ou caminhão. Eram necessários outros elementos para a efetivação dessas vendas. Tão logo eles identificaram o problema, receberam a proteção e a tutela dos fabricantes ou das montadoras aos quais estavam ligados. Os empresários ligados ao turismo, entretanto, não têm e não sabem a quem recorrer hoje em dia. Neste caso, o poder público municipal nada ou quase nada pode fazer para ajudar, pois falta-lhe um pouco de tudo.

É comum que promoções turísticas levadas a efeito pela municipalidade deixem de atuar como elementos dinamizadores de fluxos turísticos e se transformem em eventos de promoção social, sem motivar suficientemente pessoas para que se desloquem de seu local de origem para o local onde está ocorrendo o fato. Na maioria das vezes, observa-se que esses eventos ficam circunscritos ao município, não provocando o deslocamento de turistas. Não duvidamos da intenção dos organizadores e promotores; ao contrário, acreditamos que tudo seja feito dentro do melhor propósito e espírito cívico. Ocorre que tais acontecimentos, na maioria das vezes, são planejados e executados aleatoriamente, não cumprindo sua finalidade básica: o desenvolvimento e o incremento do turismo.

Se, de um lado, o empresariado sofre de limitações para acompanhar a evolução dos negócios, por outro, o poder público acha-se quase incapacitado para oferecer assistência mais efetiva. O lógico seria esperar uma conjugação ou somatória de esforços para solucionar o problema comum. Porém, isso não ocorre por falta de visão ou iniciativa de ambos os lados. O ideal seria a união dos poderes público e privado, por meio de qualquer forma técnica e/ou jurídica viável, capaz de gerar uma "fórmula" que permitisse uma gestão produtiva do turismo municipal no interior, visando suprir a ausência de políticas públicas efetivas.

Qualidades dominantes do turismo interiorano

É fato que o turismo interiorano de São Paulo necessita de uma gestão profissional, competente e definitiva. Atualmente, observamos que as ações se colocam no âmbito da iniciativa privada, sem a necessária maturidade empresarial para integrar e coordenar os esforços. São comuns ações localizadas, em momentos sazonais do ano, por algum "iluminado" que tenta realizar um exercício prático para promover o turismo.

Medidas oficiais, quando existem, apresentam-se desvinculadas de um processo global, em manifesto desinteresse que adia o desenvolvimento do turismo no interior do Estado de São Paulo, o melhor centro de turismo receptivo do país. Promessas de projetos, planos, investimento e publicidade tímida... Tudo sucumbe à descontinuidade político-administrativa que predomina no setor.

Ainda assim, destaca-se no turismo receptivo interiorano uma hospitalidade espontânea com que o turista ou visitante é distinguido. A hospitalidade da população do interior é cada vez mais qualitativa e quantitativa, o que vem permitindo o desenvolvimento do turismo especializado, ou segmentado, de tipo educacional ou pedagógico, que requer maior qualidade e proximidade no atendimento. Essas novas tendências estão modificando o modelo tradicional de turismo receptivo no interior do Estado, promovendo relações sociais mais hospitaleiras entre visitantes e visitados, mediante formas personalizadas de atendimento.

a) O turismo emissivo do interior do Estado de São Paulo

O interior é um pólo emissivo expressivo de turismo que envia turistas para todos os cantos do mundo, em viagens de negócios, turismo e lazer. Podemos afirmar que o interior é o maior pólo concentrador de demanda turística para todos os segmentos: passagens aéreas nacionais e internacionais; locação de veículos; reservas de hospedagem; venda de cruzeiros marítimos; venda de pacotes turísticos nacionais e internacionais; viagens *a forfait* (sob encomenda), tanto individuais quanto em grupo (viagens de afinidade ou incentivo).

Embora a relação comercial *capital x interior* seja amistosa, ainda se nota alguma carência de tecnologia e agilização na confirmação dos pedidos feitos pelas agências de turismo vendedoras, dificultando a gestão dos negócios, mesmo com a implantação dos sistemas de reservas de passagens aéreas – os GDS's (Amadeus, Sabre, Galileu, WorldSpan). Ainda assim, o interior de São Paulo é um dos esteios da indústria de viagens no país, com um mercado cobiçado no exterior, em virtude de sua capacidade de geração de demanda. A isso se junta o turismo rodoviário com o chamado *turismo social* ou *dos domingueiros*, que movimenta a economia do próprio Estado além das viagens para os outros Estados.

b) O turismo receptivo do interior de São Paulo

Turismo receptivo é o processo empresarial pelo qual se gerencia uma forma ou prática de turismo por ocasião da chegada de pessoas (turistas, visitantes, excursionistas, passageiros, hóspedes) a um destino, cidade ou pólo turístico. Consiste em ofertar aos visitantes serviços e produtos de acordo com seus interesses, desejos e necessidades. A infra-estrutura turística receptiva do Estado de São Paulo, se comparada a outros Estados, possui grande potencial, ainda que apresente as limitações anteriormente citadas.

Entre as modalidades de turismo oferecidas pelo interior do Estado, podemos citar:

- Turismo Rural (hotéis-fazenda, pousadas, campings).
- Turismo Ecológico (cascatas, grutas, cachoeiras, parques e reservas ecológicas).
- Turismo Gastronômico.
- Turismo Pedagógico ou Educativo (estudo do meio).
- Estâncias Termais (ou termalismo: Turismo de Saúde).
- Estâncias Climáticas.
- Parques Temáticos.
- Feiras/Festivais (rodeio, uva, figo, morango, flores, ovo).
- Turismo Religioso.
- Turismo para Terceira Idade.
- Turismo de *Trekking*.
- Turismo e Lazer nos Acampamentos.
- Turismo Aquático (represas, lagos de pesca, praias, cachoeiras).

- Turismo Técnico-Profissional (visitas técnicas a fazendas de café, gado, cana-de-açúcar, usinas de álcool, de açúcar; usinas elétricas etc.);

- Turismo de Negócios.

- Turismo de Eventos.

- Folclore e artesanato.

O desenvolvimento da **hospitalidade** e o **incremento do turismo receptivo** é uma questão de tempo de maturação diante das potencialidades existentes. Esse potencial poderá ser altamente beneficiado por uma Política Estadual de Turismo que incentive o município a desenvolver políticas próprias de desenvolvimento turístico, voltadas para uma abordagem regional.

Preocupa-nos muito a exploração e o desenvolvimento desordenado do turismo no interior, bem como seus impactos socioculturais. A ausência de um planejamento específico para promover a gestão do turismo, que contemple questões ou temas centralizados na percepção dos residentes em relação aos turistas ou visitantes, pode gerar, a médio prazo, sérios conflitos entre a comunidade (os residentes) e os visitantes ou turistas. Assim, compreender as percepções dos residentes (comunidade) em relação aos impactos do turismo é fundamental e necessário para seu planejamento e gestão. A opção do turismo como uma das alternativas de desenvolvimento de um município implica mudanças socioculturais que precisam ser entendidas e superadas em parceria com os residentes como membros efetivos e permanentes desse processo.

Torna-se necessária uma reestruturação do turismo receptivo convencional, com ênfase na realização do turismo segmentado ou especializado. As potencialidades competitivas do interior devem ser promovidas, em primeira instância, pelo Estado, depois pelos municípios e agentes de viagem. A riqueza do interior gerida por uma política que potencialize suas possibilidades pode contribuir para solucionar a crise econômica atual da maioria das Prefeituras.

O Turismo Municipal Regional organizado, planejado, estruturado, politizado depende da "decisão política" em todos os níveis (federal, estadual e municipal). A iniciativa privada tem condições de comercializar plenamente as ricas potencialidades turísticas do interior, nos âmbitos regional, estadual, nacional e internacional, desde que orientada por políticas claras e coerentes. Infelizmente, a maioria dos Estados brasileiros ainda não aprendeu a se valorizar e se vender como destinação turística, não "descobriu" formas de gerenciar essa alternativa de desenvolvimento social, político, cultural e econômico, que pode beneficiar os municípios ou as regiões com vocação/potencialidade turística.

Turismo receptivo municipal: novas tendências

O produto turístico pode ser entendido como o "conjunto de benefícios que o consumidor busca em uma determinada localidade e que são usufruídos tendo como suporte estrutural um complexo de serviços oferecidos por diversas organizações" (Vaz, 1999, p. 67).

O sistema de produção de turismo é composto de quatro agentes:

- Produtores/Fornecedores (meios de hospedagem, empresas de transporte, locadoras de veículos, restaurantes e bares, centros de convenções, feiras e exposições, parques temáticos e ecológicos e demais serviços locais de apoio).

- Distribuidores/Prestadores de Serviços (agências de turismo: operadoras turísticas e operadoras de turismo receptivo);

- Facilitadores (casas de câmbio, guias e monitores de turismo, despachante, serviços financeiros, animadores de turismo).

- Consumidores (pessoa física ou jurídica) turistas, passageiros, viajantes, clientes.

Como o produto turístico é intangível, ele não pode ser visto, tocado ou inspecionado antes da compra, uma vez que existe tão-somente durante o consumo, o que leva o consumidor a ser dependente da informação. Aqui entra a função estratégica fundamental das agências de turismo, intermediárias nesse processo de compra e venda.

No caso do turismo pedagógico ou estudo do meio, já citado, podemos desdobrá-lo em outros tantos títulos ou temas de acordo com o interesse e perfil de cada organizador, interessado ou consumidor. Embora muitas agências de turismo estejam operando esses produtos, podemos observar um crescente desvio da atividade. Ela é gerenciada diretamente pelas escolas, que atuam como agências de turismo, sem a necessária competência e o devido credenciamento.

A tendência do turismo pedagógico enquadra-se na percepção da potencialidade do turismo como processo informal de educação, exigindo que o turismo receptivo do interior do Estado se organize para atender a esse novo perfil de demanda. O turismo responde a uma necessidade de as escolas mudarem seu posicionamento, sendo um eficiente canal para a educação informal ou não-formal. Para tanto, são necessários ajustes e elaboração de uma oferta organizada de produtos, diferentes dos que atendem ao setor de viagens convencionais, para atender aos fluxos esquematizados na Figura 1.

O turismo associado à educação abre amplas possibilidades tanto para as escolas quanto para os profissionais do segmento de viagens, podendo incentivar o desenvolvimento de relações hospitaleiras entre os diferentes espaços.

a) Turismo pedagógico ou estudo do meio

As experiências precursoras do turismo para o estudo do meio datam da década de 1960 e têm como idealizador o prof. Domingos de Toledo Piza,[2] que iniciou suas atividades com o apoio de uma empresa aérea nacional. Para ele, "os profissionais de Turismo devem integrar equipes que visem à realização dessas viagens, a fim de tornar mais eficaz e produtivo o estudo do meio".[3] Assim, estudos desenvolvidos durante trinta anos serviram de base para confirmar que o turismo é uma das alternativas desse processo não-formal de ensino e aprendizagem quando planejado, organizado, administrado e aplicado com profissionalismo.

---

[2] Agente de viagens e professor de turismo.

[3] PIZA, Domingos de Toledo. Experiências pessoais no campo educativo: educação para a democracia e formação do cidadão. *Turismo em Análise*, São Paulo/ECA-USP, v. 3, n. 1, p. 72, maio/1982.

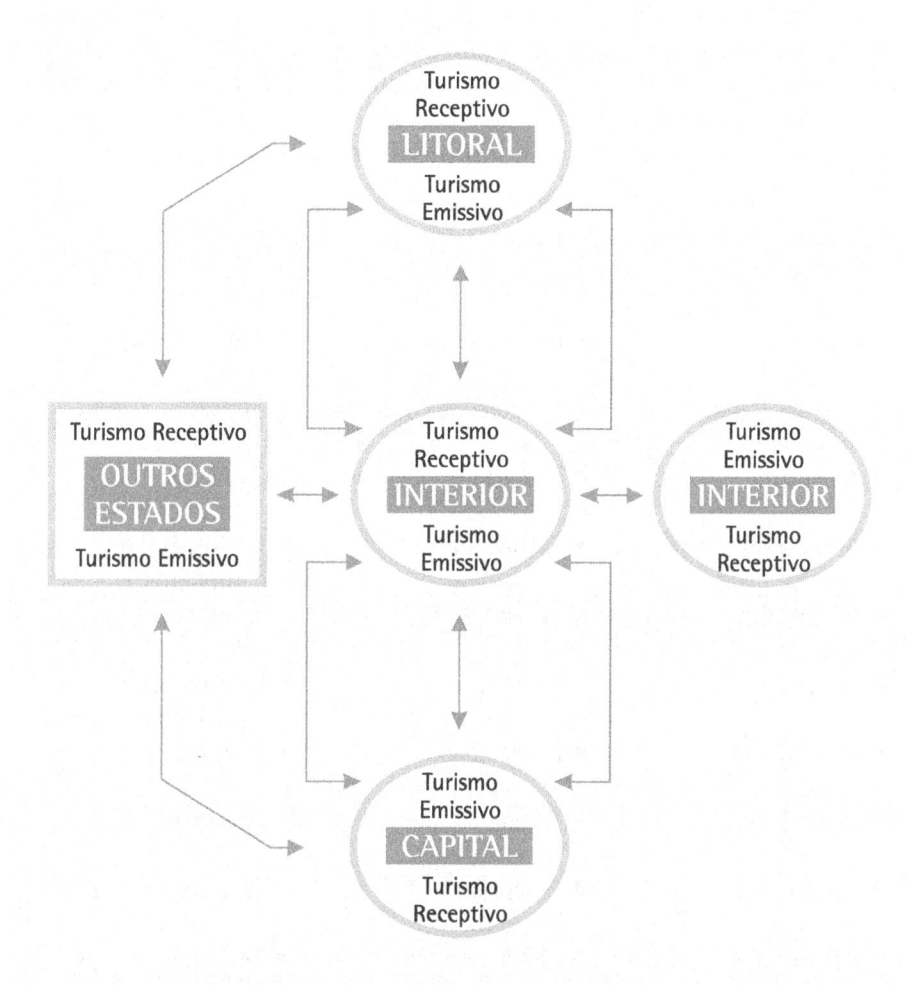

Figura 1 – Fluxo operacional da demanda do turismo pedagógico (Estudo do Meio).

Isso nos fez conceber o Turismo Pedagógico como centro de interesse e alternativa no processo de *educação informal*, formatando um produto que inova a formação e o estudo do meio, mediante uma série de técnicas a ser aplicada. Entre as vantagens do estudo do meio, destacamos as possibilidades de vivência direta da realidade, o entendimento de que o ensino, embora se inicie e termine na sala de aula, não se restringe às aulas, e a ampliação do processo de compreensão (Piza, 1982).

Existem diversos tipos de atividades extraclasse que podem ser aplicadas e desenvolvidas mediante o fornecimento de informações específicas, antes do início da programação. Uma delas é a *oficina pedagógica,* envolvendo a direção da escola, o corpo técnico, o corpo docente, o representante da comunidade e o agente de viagens.

Atividades e temas mais significativos que norteiam e incrementam o Estudo do Meio ou o Turismo Pedagógico:

- Agricultura
- Antropologia
- Apicultura
- Arqueologia
- Arquitetura
- Botânica
- Caminhadas
- Campismo
- Canoagem
- Cavalgadas
- Visitas a cavernas
- *Day camp*
- Escultura
- Ciclismo
- Esportes
- Eventos

- Excursões culturais
- Expedições científicas
- Exposições
- Fotografia
- Fazendas
- Feiras
- Folclore
- Hotéis
- Fazendas
- Montanhismo
- Arte
- Artesanato
- História
- Jardinagem
- Minhocários
- Monumentos

- *Mountain bike*
- *Shows*
- *Trekking*
- Conservação e impactos ambientais
- Observação de aves, baleias, primatas etc.
- Paisagismo
- Parques ecológicos
- Pescarias
- Pintura
- Plantio e colheita de cereais e frutas
- Reflorestamento
- Urbanismo
- Viagens de trem

A organização desses eventos deve ser feita por uma agência de turismo, pois exige deslocamentos, determinado tempo de duração e uso de transporte. Denominada como excursão, viagem, passeio, visita técnica, a operação dessas atividades é privativa de agência de turismo, legalizada e credenciada, em razão dos cuidados e das precauções necessários ao conforto e à segurança dos viajantes, bem como ao melhor aproveitamento da excursão ou evento, principalmente se contar com a participação de um acompanhante técnico especializado. É importante que a escola transfira a responsabilidade pela execução do evento ou operação/realização da viagem para uma empresa especializada e credenciada, com condições de organizar o serviço incluindo itens que o viajante comum esquece ou negligencia. Além da escolha do meio de transporte, a agência de turismo deve garantir assistência ao participante, contratação de profissionais específicos ou monitores, entre outros serviços.

ESCOLA	AGÊNCIAS de TURISMO	PRODUTO TURÍSTICO	ATRATIVOS
	(Especialista em Turismo Pedagógico/ Educacional – Estudo do Meio etc.)	(interesses ou atividades)	– Serviços – Equipamentos – Lazer **RECREAÇÃO** – Monitoria – Infra-estrutura – Eventos especiais etc.

Figura 2 – Fluxo de função da agência de turismo.

As atividades pedagógicas extraclasse são previamente planejadas, atendendo aos propósitos e objetivos da escola, sendo realizadas com acompanhamento de técnicos das áreas específicas e para cada tipo/objetivo da viagem, excursão ou evento.

Aproveitando-se das potencialidades do turismo, a escola poderá desenvolver ou despertar no aluno (da pré-escola à universidade):

- Curiosidade
- Acuidade
- Tolerância
- Controle
- Honestidade
- Novas informações
- Adaptação
- Coesão
- Conformidade
- Instrução

- Respeito
- Colaboração
- Coerência
- Confiança
- Organização
- Compostura
- Competência
- Habilidade
- Zelo
- Dignidade

b) Turismo Cultural

Outra possibilidade de formatação de produto são *excursões programadas*, inicialmente com crianças do ensino fundamental, por meio de um projeto específico, e de *ônibus urbanos* (em troca da concessão de novas linhas, a Prefeitura poderia exigir dois ou três trajetos, nos fins de semana).

Por meio dessas atividades, as crianças, acompanhadas de monitores treinados ou professores, tomariam consciência dos valores culturais de sua terra, desenvolvendo laços afetivos com o espaço a que pertencem e, conseqüentemente, ampliando o entendimento do significado do turismo e suas relações com o meio ambiente (as crianças informariam os familiares sobre sua experiência, despertando-os para o mesmo tipo de atividade). Essa conscientização em torno dos recursos naturais, culturais e socioeconômicos do interior paulista, além de aprimorar o sistema de participação do setor educacional na comunidade, pode ativar o interesse pelo turismo em âmbito popular ou comunitário, contribuindo para o entendimento e desenvolvimento da hospitalidade.

c) Estudo do Meio ou Geoturismo

O Estudo do Meio ou Geoturismo pode ser uma disciplina fundamental para a formação de relações de hospitalidade, desenvolvendo nos estudantes de ensino fundamental e médio o conhecimento das características próprias de cada município por meio de vivências. Esse conhecimento envolveria topografia, hidrografia, vegetação, clima, patrimônios cultural e histórico, usos e costumes (folclore e eventos), desenvolvimento urbano, problemas do município, planejamento (urbano, social, político, religioso, econômico, turístico e cultural), preparando o futuro cidadão para a escolha consciente de seus representantes e até mesmo para assumir os destinos da comunidade. Essa nova disciplina poderia ser ministrada por professores do próprio município, preparados especificamente para essa tarefa e remunerados mediante um convênio com a Secretaria de Educação do Estado.[4]

Planejamento e gestão do Turismo Receptivo

O planejamento do Turismo Receptivo para atender efetivamente a essas novas demandas deverá contemplar uma série de providências e equipamentos, considerando três aspectos principais:

a) Meios de transporte do Núcleo Receptor

A localização do atrativo ou serviço a ser prestado insere-se no Sistema Viário do Núcleo Receptor, que precisa ser estudado e analisado pela agência de turismo que vai operar o receptivo. É necessário

---

[4] Existem hoje várias agências de turismo da capital que desenvolvem programas especiais como o Projeto Estudo do Meio Ambiente e os projetos Brasil Cultural: Ouro de Minas e Descobrindo o Brasil Começando em Porto Seguro.

que a agência de turismo se estruture de acordo com o desenvolvimento da demanda para essa localidade ou região, adequando-se à sazonalidade dos eventos locais. Devem fazer parte de seu material de trabalho profissional mapas do núcleo receptor local e regional (localização dos atrativos), levantamento de todas as potencialidades turísticas (culturais, religiosas, artesanais, de lazer) com os devidos canais de acesso e roteiros devidamente cronometrados e ajustados.

É fundamental definir claramente as vias de acesso ao Núcleo Receptor e aos pontos atrativos, com os roteiros indicados e verificados pela equipe que exercerá a tarefa de atender ao visitante, cliente ou turista. A *criação e a definição dos roteiros ou itinerários* é de vital importância para o sucesso da agência de turismo na operação do Turismo Receptivo, bem como em sua comercialização nos âmbitos local, regional, estadual, nacional e internacional.

b) *Tours* profissionais e visitas técnicas

A agência operadora de Turismo Receptivo precisa estar na vanguarda dos acontecimentos no país e no mundo para atender eficazmente às solicitações de serviços receptivos. A inovação deve ser constante, gerando e ofertando a seus parceiros e principais usuários novos roteiros, novos serviços, novos eventos etc. O Brasil como um todo, e São Paulo como exemplo, oferece excepcionais oportunidades para técnicos, especialistas e interessados nos mais variados campos, para a exploração empresarial do Turismo Receptivo.

O desenvolvimento agrícola, a riqueza industrial e comercial, os eventos do país, a exuberância da natureza (turismo ecológico, turismo rural, turismo de aventura, navegação fluvial, as praias, as águas termais etc.) podem constituir atrativos inigualáveis quando bem trabalhados. Compete à agência operadora do turismo receptivo estar capacitada para organizar, sugerir e aconselhar itinerários especializados, dentro de padrões de qualidade compatíveis com a expectativa da demanda.

As agências de turismo poderiam organizar "*Tours* Profissionais e Educacionais" como:

- Arquitetura e construção
- Usinas de álcool: combustível e açúcar
- Indústria têxtil
- Confecção de sapatos e couros
- Fabricação de móveis
- Criação de gados e fazendas
- Joalheria
- Produção de café
- Indústria automobilística
- Apiários
- Colheita da soja, trigo, milho
- Fabricação de chocolate
- Parques temáticos e ecológicos
- Vindimas
- Centros hospitalares

c) Estruturação dos roteiros básicos e especiais de turismo

Os programas podem ser definidos como Serviços de Receptivo; os programas básicos são:

- **Traslado** ou *transfer* tem por finalidade recepcionar o turista no terminal de chegada à cidade e levá-lo ao local de hospedagem e aos serviços oferecidos ou similares.

- *City-Tour* (passeio pela cidade) visa proporcionar ao turista uma visão geral das características da cidade, sua história, importância relativa no Estado ou País, usos e costumes, população, principais eventos e demais aspectos diferenciais.

- *Sight-Seeing* visa proporcionar ao turista, em passeios mais completos ou longos, uma visão de outros atrativos localizados fora do perímetro urbano, mas que apresentam inter-relação com a cidade.

- Os **Serviços Especiais** ou *tours* específicos visam oferecer ao turista uma visão detalhada de algum aspecto da cidade/região, como *tour* histórico ou profissional.

Instrumentos de controle de serviços receptivos

Um dos instrumentos de controle dos serviços é o Mapa de Vendas, de grande importância para o perfeito controle das vendas. O Mapa de Controle de Vendas pode conter as seguintes informações:

- Nome do passageiro
- Condição de pagamento
- Tipo de acomodação
- Data da viagem
- Nº do bilhete de passagem

- Nº do *voucher* do passageiro
- Nº da ficha de inscrição
- Forma de pagamento
- Agência de turismo vendedora
- Prazo para pagamento

Há outros meios de controle eficazes que podem ser utilizados. Os principais são:

- relatório de viagem;
- relatório do motorista;
- questionário de avaliação dos passageiros.

Assim, quando analisados, em conjunto, os três meios de controle são muito eficazes para a manutenção da qualidade dos produtos/serviços ofertados e para as melhorias, se necessárias.

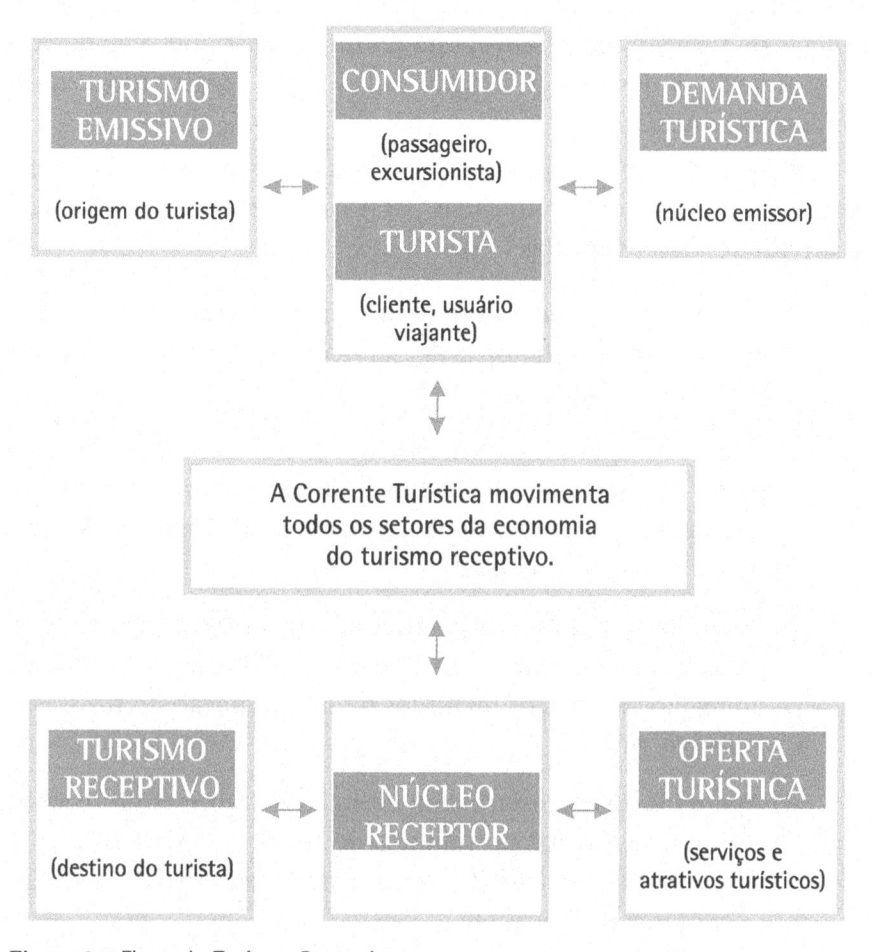

Planejamento e gestão da hospitalidade no turismo receptivo

```
┌─────────────┐     ┌──────────────┐     ┌─────────────┐
│  TURISMO    │     │  CONSUMIDOR  │     │  DEMANDA    │
│  EMISSIVO   │     │ (passageiro, │     │  TURÍSTICA  │
│             │<──> │ excursionista)│<──>│             │
│(origem do   │     │              │     │(núcleo      │
│ turista)    │     │   TURISTA    │     │ emissor)    │
└─────────────┘     │(cliente,usuário│   └─────────────┘
                    │ viajante)    │
                    └──────────────┘
                           ↕
                 ┌──────────────────────┐
                 │ A Corrente Turística │
                 │ movimenta todos os   │
                 │ setores da economia  │
                 │ do turismo receptivo.│
                 └──────────────────────┘
                           ↕
┌─────────────┐     ┌──────────────┐     ┌─────────────┐
│  TURISMO    │     │   NÚCLEO     │     │   OFERTA    │
│  RECEPTIVO  │<──> │   RECEPTOR   │<──> │  TURÍSTICA  │
│(destino do  │     │              │     │(serviços e  │
│ turista)    │     │              │     │atrativos    │
│             │     │              │     │turísticos)  │
└─────────────┘     └──────────────┘     └─────────────┘
```

Figura 3 – Fluxo do Turismo Receptivo.

Atuação profissional das agências de turismo

As agências de turismo são entidades privadas que visam ao lucro mediante a exploração de atividades turísticas específicas, previstas em legislação. Sua função é intermediar ou mediar as relações entre DEMANDA (procura por parte de cliente, usuário, público, turista, consumidor, excursionista, passageiro, viajante) e OFERTA de serviços turísticos, feita pelos prestadores ou fornecedores de serviços, visando providenciar o melhor local para a compra. O maior problema das agências de turismo, entretanto, está na informação, ou seja: os produtos oferecidos devem ser, de fato, adequados às necessidades do interessado ou usuário.

As agências de turismo exercem ainda, por força da legislação vigente, outras funções conhecidas pelas características de operação das atividades desenvolvidas:

1) **Agências vendedoras**: atuam como intermediárias/mediadoras entre prestadores de serviços de turismo e clientes (pessoa física ou jurídica).

2) **Agências operadoras turísticas**: "criam" produtos novos, a partir dos serviços oferecidos pelos prestadores de serviços turísticos, nos padrões do *IT – Inclusive Tour*. Formam os pacotes turísticos ou excursões.

3) **Agências operadoras de turismo receptivo**: prestam serviços locais aos clientes das operadoras. Realizam na cidade ou região os serviços incluídos na programação do turista ou grupo de turistas.

4) **Agências de representação**: agem como representante local, regional de outros prestadores de serviços turísticos como: empresas aéreas, hotéis, pousadas, locadoras de veículos, operadoras turísticas etc.

5) **Agências de turismo com frota própria**: possuem ônibus próprios para operar excursões rodoviárias, além de exercerem as funções inerentes a uma agência de turismo.

6) **Agências de turismo operadoras de câmbio manual ou turismo**: especializadas em operar o câmbio, entre outras atividades.

7) **Agências como *tour operator***: grandes atacadistas na prestação de serviços turísticos terrestres, atuando mais no âmbito internacional. São as agências de turismo especializadas na cotização de ***viagens a forfait***.

```
┌─────────────┐      ┌─────────────┐      ┌──────────────┐
│   Cliente   │      │   Agência   │      │ Fornecedores/│
│             │ ←──→ │     de      │ ←──→ │  Prestadores │
│(pessoa física)     │   Turismo   │      │  de Serviços │
│ ou jurídica)│      │  (funções)  │      │  Turísticos  │
└─────────────┘      └─────────────┘      └──────────────┘
```

Figura 4 – Função intermediária da agência de turismo.

Estrutura funcional das agências de turismo

A agência de turismo, tecnicamente, necessita de um local comercial compatível com sua atuação. Definida a função, definem-se a política e filosofia da empresa, o planejamento orçamentário e financeiro, bem como as metas de vendas, as estratégias comerciais etc.

A estrutura operacional é relativamente pequena, dependendo das funções exercidas, e são básicos os equipamentos de comunicação, controles, emissão de relatórios e o sistema gerenciador de fomento, além de um sistema de reservas.

a) Venda de serviços privativos

Ainda por força da legislação vigente, as agências de turismo exercem atividades privativas (exclusivas) e não-privativas (não exclusivas).

Atividades privativas:

- venda comissionada ou intermediação remunerada de passagens individuais ou coletivas, passeios, viagens, excursões aéreas ou rodoviárias nacionais e internacionais;

- venda de cruzeiros marítimos nacionais e internacionais;

- reserva remunerada de acomodações em meios de hospedagem no Brasil e no exterior;

- recepção, transferência e assistência especializada ao turista;

- venda comissionada de passeios locais por via terrestre ou por hidrovia;

- fretamento comissionado de aeronaves;

- operação de viagens e excursões, individuais ou coletivas, compreendendo a organização, contratação e execução de programas, roteiros e itinerários nacionais ou internacionais;

- operação de Turismo Receptivo, traslado, *city-tours* e *tours* profissionais, ou seja, tudo que se refere ao atendimento turístico local e regional.

Somente empresas devidamente registradas ou cadastradas no órgão competente podem exercer essas atividades.

b) Venda de serviços não-privativos

As agências podem oferecer também serviços complementares não-privativos (que podem ser oferecidos por qualquer outra empresa sem ferir a legislação turística em vigor) como:

- venda e reserva comissionada de ingressos para espetáculos;

- exploração do transporte turístico de superfície;

- prestação de serviços de documentação para viajantes;

- prestação de serviços para congressos, feiras e eventos similares;

- locação comissionada de veículos;

- venda comissionada de seguro de assistência ao viajante ou turista;

- agenciamento de cargas aéreas nacional e internacional;

- expedição de bagagem;

- atendimento de câmbio;

- locação de meios de transporte turístico/local/regional.

Para exercer todas essas ações, a agência de turismo precisa estabelecer uma série de acordos comerciais que definirão o padrão de serviço a ser prestado pela agência e a distinguirá no mercado interno (local, regional e estadual) e externo.

É fundamental que tais acordos sejam formais, mediante contrato permanente de prestação de serviços, ou específico para determinado serviço, evento ou ainda por determinada temporada. Esses acordos, convênios ou contratos são realizados com todos os prestadores de serviços turísticos ou parceiros do agente de viagens como: meios de hospedagem, restaurantes, centros de lazer, parques temáticos, museus, zoológicos, transportadoras turísticas, empresas aéreas nacionais e internacionais, guias de turismo, lojas de compras, feiras de turismo e artesanato, organizadores de festivais, locadoras de veículos, entidades geradoras e promotoras de eventos, feiras, exposições, centros de convenções e *Convention and Visitors Bureau*.

Parceira com a comunidade

O planejamento e a gestão do turismo não poderá, entretanto, se restringir a aspectos formais e/ou operacionais. Para que a atividade seja eficiente e esteja dentro de padrões harmônicos de hospitalidade, deve haver a participação, o envolvimento e o comprometimento da população do Núcleo ou Pólo Receptivo.

a) Princípios

Os princípios ou fundamentos da participação da comunidade podem ser expressos em alguns comportamentos desejáveis:

- recepção de turistas (como gostaríamos de ser recebidos): hospitalidade;

- colaboração com as autoridades e agência operadora do receptivo na divulgação dos serviços prestados e no controle da qualidade do atendimento geral;

- não cobrar além do preço justo aos visitantes em restaurantes, hotéis, táxis e demais prestadores de serviços;

- atuação profissional, consciente e empreendedora, ligada ou conectada a qualquer uma das atividades/serviços que completam o Turismo Receptivo.

b) O papel das agências de turismo na gestão do Turismo Receptivo

As agências de turismo têm a responsabilidade ética, moral e profissional de controlar a qualidade do produto turístico. Do ponto de vista operacional, é necessário:

- eleger e observar continuamente a prestação ou o fornecimento dos serviços turísticos, procurando parceiros idôneos que mantenham a qualidade de seus produtos ao longo dos anos;

- evitar a acomodação, atuando como agente instigador da melhoria de serviços e propostas de inovação por parte dos fornecedores e parceiros;

- ter conhecimento de qualidade sobre os produtos e serviços que coloca à disposição dos consumidores, exigir e colocar à disposição folhetos com descrição de serviços e/ou fazer contratos de utilização;

- promover continuamente o treinamento de sua equipe, revendedores ou parceiros, evitando informações incorretas e atitudes hostis aos turistas/usuários, uma vez que deve responder pelos atos de seus representantes;

- manter um sistema atualizado de informações mediante o cadastramento de transportadoras, bons meios de hospedagem, restaurantes, guias de turismo e tudo o que for necessário à operação do receptivo;

- não estabelecer parceria com estabelecimentos que não cumpram suas obrigações profissionais;

- procurar os parceiros comerciais ou de serviços pelo binômio qualidade/preço, pois, não raro, o mais barato implica maiores riscos e custos adicionais;

- fazer seguro para sua operação e prestação de serviços;

- planejar e evitar a improvisação para o bom atendimento ao cliente.

c) Agência de turismo X órgãos oficiais e entidades do turismo

Para o bom funcionamento da atividade turística em um local, é preciso que os envolvidos no turismo (de um município, região ou Estado) entendam o processo de desenvolvimento e incremento do Turismo Receptivo.

O planejamento e a gestão do processo de desenvolvimento do Turismo Receptivo em um núcleo/pólo receptor precisam articular de forma estratégica os seguintes fatores fundamentais:

- vias de acesso
- motivação
- disciplina
- segurança
- meios de transporte
- educação e respeito

- controle de qualidade
- preservação ambiental
- sistema de comunicações
- legislação turística específica
- divulgação

- conscientização da comunidade
- hospitalidade
- reengenharia do Turismo Receptivo
- saneamento básico
- limpeza e conservação da cidade
- recursos humanos (mão-de-obra)

Para que possam atuar, portanto, as agências de turismo, necessitam do apoio e da colaboração dos órgãos oficiais de turismo. No Turismo Receptivo, o apoio oficial é para a agência de turismo que, em última instância, é a responsável pelo atendimento e pela prestação de serviços no centro (pólo, núcleo) receptor. Ao receber o turista, a agência de turismo coloca em prática a política de desenvolvimento do turismo da localidade e pode constatar a percepção e atitude dos residentes sobre o turismo. Para que o resultado da operação tenha qualidade, atendendo adequadamente o turista, sem hostilidade da comunidade, é fundamental que o agente de viagens que opera o receptivo esteja munido de informações, dados estatísticos e de material de apoio fornecidos pelos órgãos oficiais de turismo, tanto nos âmbitos federal e estadual quanto no regional e municipal.[5]

Considerações finais

Hoje o mundo vive um momento em que as inovações tecnológicas e as possibilidades de obtenção instantânea de informações estão alterando a maneira como as pessoas se comunicam, estudam, pesquisam, relacionam-se e efetuam transações. No turismo, essas mudanças podem ser percebidas pelo desenvolvimento de uma tendência que mescla turismo e ensino e que se manifesta na realização de atividades extraclasse como viagem, excursão, estudo do meio, estudo técnico, prática vivenciada, visita técnica, pesquisa de campo, aula prática etc.

---

[5]Para atender ao mercado externo norte-americano, é recomendável que a agência operadora receptiva se filie, por exemplo, à *American Society Travel Agency* (Asta) – Sociedade Americana de Agências de Viagens. É também referencial profissional para os demais países onde a Asta mantém ações de intercâmbio, para a exploração do turismo convencional, evidentemente.

Para tornar possível esse conceito, transformando-o em um mercado de viagens com fins pedagógicos ou didáticos, é fundamental a presença de uma agência de turismo que repense novas estratégias de qualificação e capacitação profissional, ampliando a oferta de produtos e serviços, elegendo diferenciais que constituam as bases do sucesso profissional das agências de turismo no novo mercado de viagens especializadas, denominado Turismo Pedagógico ou Estudo do Meio.

Consideramos que essas atividades apresentam grande potencial de desenvolvimento no interior do Estado de São Paulo pela diversidade, qualidade da infra-estrutura e proximidade com o maior pólo emissivo do país. No entanto, do ponto de vista da hospitalidade, trata-se de uma tendência que precisa ser aprimorada e gerida adequadamente, visando não apenas à formatação de um novo produto turístico mas também a uma nova forma de construção de relações sociais no mundo globalizado, buscando a convivência e a solidariedade entre as diferentes comunidades.

Trabalhar o turismo como processo informal de educação, associado a escolas ou universidades, integrando agências de turismo e instituições educadoras, em uma política de planejamento para o desenvolvimento do turismo municipal, deveria ser a base para o desenvolvimento de um Turismo Receptivo organizado e estruturado, capaz de mobilizar as comunidades e promover a hospitalidade. Desenvolver o turismo municipal ou o processo de interiorização apenas pela via da improvisação e do esforço dos idealistas e sonhadores é uma forma desastrosa para todos os envolvidos no processo.

Esperamos com essa reflexão contribuir com subsídios sólidos que permitam aprimorar o planejamento e a gestão do turismo na área oficial, com fórmulas e propostas potencialmente viáveis para interiorizar e regionalizar o turismo, visando ao aprimoramento do turismo receptivo pela inclusão de estratégias que permitam estabelecer a harmonia e a hospitalidade entre os visitantes e os visitados.

Proposta de atividade

O professor pode propor aos alunos as seguintes atividades adicionais ou complementares para serem desenvolvidas em sala de aula:

1. Levantar os benefícios que o Turismo Receptivo traz ao município, estado, país e a quem o pratica.

2. Convidar uma autoridade, entidade ou empresário para uma palestra sobre o turismo receptivo no seu município.

3. Solicitar aos alunos pesquisa sobre as possibilidades de incremento do turismo receptivo em seu município ou região. (A idéia básica é fazer o aluno estudar e pensar sobre a possibilidade de tornar o Turismo Receptivo um negócio ou uma alternativa de desenvolvimento social, político, econômico e cultural.)

4. Pedir a uma equipe que organize, para um grupo de amigos, um roteiro receptivo de sua cidade ou seu bairro, descrevendo todo o roteiro.

5. Realizar um passeio turístico na cidade, ou em outra, com os colegas de classe.

6. Fazer um levantamento técnico da importância do Turismo Receptivo organizado, estruturado e apontar os dez itens mais importantes a serem levados em consideração.

Referências bibliográficas

ABAV-CN, *Guia empresarial*. São Paulo: Abav, 2001.

ACERENZA, M. A. *Agencias de viajes*: organización y operación. México: Editorial Trillas: 1997 (Série Turismo).

MULLER, A. R. *Componentes da estrutura da personalidade*. São Paulo: Avulso, 1968.

PAGE, S. J. *Transporte e turismo*. Porto Alegre: Bookman, 2001.

PEARCE, P. L. (Orgs.) *Turismo global*: a relação entre residentes e turistas. 2 ed. São Paulo: Senac, 2002, p. 145-164.

PELIZZER, H. A. *Turismo e educação*: um processo informal de ensino e aprendizagem. São Paulo: Artigo, 2004 (no prelo).

PIZA, Domingos de Toledo. In: Experiências pessoais no campo educativo: educação para a democracia e formação do cidadão. *Turismo em análise*, São Paulo/ECA-USP, v. 3, n. 1, p. 72, maio 1982.

SANSOLO, D. G. e DA CRUZ, R. C. A. Plano Nacional do Turismo: uma crítica. In: *Caderno virtual de turismo*. 10 ed. Rio de Janeiro, 27 jan. 2004.

Turismo em análise. São Paulo: ECA/USP, v. 3, nº 1, p. 72-82, maio 1982.

VAZ, Gil Nuno. *Marketing turístico*: receptivo e emissivo. São Paulo: Pioneira, 1999.

Patrimônio cultural e hospitalidade: subsídios ao planejamento turístico

Sênia Bastos

Identificação do patrimônio

O conceito de patrimônio cultural é relativamente novo. Entendido como um amplo e diversificado conjunto de bens culturais, expressões e fazeres das classes populares, além do tradicional patrimônio histórico e artístico, a identificação do patrimônio cultural tem como instrumento de pesquisa um inventário que busca evidenciar bens tangíveis e intangíveis coletivamente importantes, com a preocupação de relacionar turismo e patrimônio.

Em um passeio pela área central em muitas de nossas cidades, poucos se detêm a contemplar as edificações que se descortinam no percurso diário em decorrência da má conservação das fachadas, sobreposição de anúncios publicitários, ausência de informações sobre os bens, problemas na sinalização somados às diferentes modalidades de poluição.

a) Patrimônio e cotidiano

O envolvimento com o patrimônio, todavia, pode estabelecer-se na medida em que ele for incorporado ao cotidiano de forma compreensível. Um dos recursos possíveis é a mediação da memória: o passeio pelo centro ganha colorido quando compartilhado por antigos moradores da cidade. Rememoram acontecimentos, identificam edificações inexistentes, apontam peculiaridades de tempos idos: o antigo cinema hoje convertido em espaço religioso, os logradouros que tiveram o desenho alterado, obras de arte removidas, para intensificar o tráfego local. A narrativa marcada pela recordação vem carregada de emoção e o passado ganha coloração positiva. A paisagem é reorganizada e fica a indagação: teria sido melhor?

A conversão do patrimônio cultural em atrativo turístico

Existe certa confusão na utilização do conceito patrimônio cultural que decorre de sua abrangência e do fato de este englobar caráter político, econômico e científico. O conceito legitima os referentes simbólicos, a partir de determinadas fontes de autoridade exteriores à comunidade, quer seja de um técnico, cientista, político, especulador imobiliário, quer seja empreendedor.

Em muitos casos, o morador é informado sobre seu patrimônio, ou seja, não participa do processo de identificação deste. Os técnicos da preservação e o poder público (municipal, estadual ou federal), legitimado pelo saber científico e poder político, inventariam os bens com base nas perspectivas externas aos moradores, priorizando, sobretudo, determinados projetos arquitetônicos, bens de maior significado histórico ou áreas específicas em decorrência da pressão de grupos econômicos.

O patrimônio cultural eleito por essa metodologia gera distanciamento, o morador não o identifica como expressão de seu passado ou como bem coletivo que deve ser apropriado. Em muitos casos, para despertar o interesse sobre ele, usa-se o conceito de escassez (Limón Delgado, 1999), do qual se conclui: o patrimônio é importante porque é raro. Outra estratégia utilizada é a figura do tombamento. Cabe destacar que o tombamento não confere valor cultural ao bem, conforma-se em uma medida de proteção administrativa à sua preservação (Marchesan, 2003). Das medidas citadas, pode-se afirmar que nenhuma garante a identificação com o morador, redundando na degradação do bem.

A exploração comercial do patrimônio cultural mediante sua conversão em atrativo turístico tem sido apontada como a opção que mais assegura sua reabilitação e conservação.[1] O patrimônio passa a ser tratado como mercadoria e bem de consumo, deixa de ser pensado apenas por sua importância coletiva para os moradores, como lugar de memória. É justamente esse caráter identitário que passa a ser valorizado pelo empreendedor como o diferencial do empreendimento turístico.

Ao ser configurado em atrativo turístico, com o rótulo de autenticidade, operam no bem interesses financeiros que podem comprometer sua relação identitária com o morador, na medida em que tais ações não se encontrem contextualizadas ao passado e às experiências sociais da comunidade (Talavera, 2002).

a) Relação da comunidade com o patrimônio

A implantação da atividade turística envolve riscos que são próprios da atividade: as trocas sociais e culturais podem desencadear rupturas, em decorrência de processos de reelaboração de conteúdos simbólicos que passam a ser atribuídos aos bens pelos empreendedores. Para evitar o desenraizamento dos moradores com seu patrimônio, faz-se necessário facilitar o acesso educativo-cultural, estabelecendo processos de interpretação dos bens, cuja metodologia envolva a comunidade, de forma que os moradores se tornem guardiões de seu passado, além de criar uma política de preservação e proteção dos bens, evitando atividades que comprometam sua conservação.

A comunidade tem dificuldades em reconhecer seu patrimônio cultural, mas é ela que deve indicá-lo. A falta de clareza não deve impossibilitar sua identificação, simbologia difícil de ser apropriada coletivamente (Limón Delgado, 1999).

Para manter a identificação com o morador, uma boa estratégia é incluir o patrimônio nas atividades recreacionais da comunidade, com a reorientação de atividades e alteração de usos dos edifícios. Planejamento, gestão e análise dos produtos oferecidos devem visar ao

---

[1] Dentre os autores que comungam deste ideário destacam-se: Margarita Barretto, Augustin Santana Talavera e Stela Murta.

controle de resíduos, da deterioração das edificações e do entorno em virtude da presença freqüente de visitantes.

Patrimônio cultural e nacionalidade

No tocante à história brasileira, pode-se afirmar que o patrimônio é valorizado como tentativa de associação a determinada representação de nossa nacionalidade. Nesse sentido, a arquitetura colonial foi valorizada como expressão do estilo nacional, digna de ser resgatada e elevada à categoria de patrimônio histórico e artístico. É desnecessário ressaltar a negligência de estilos arquitetônicos durante o período de 1937 a 1970, bem como a arquitetura menor,[2] vernacular,[3] industrial e as expressões e fazeres populares.

Todavia, desde o pré-projeto de criação do Serviço de Patrimônio Histórico e Artístico Nacional (SPHAN), havia uma ampla conceituação patrimonial. Buscava-se não só a valorização arquitetônica de caráter histórico e erudito, mas ainda objetos, monumentos, paisagens, folclore, manifestações artísticas, arqueológicas, etnográficas, populares e das artes aplicadas.[4]

a) O Serviço de Patrimônio Histórico e Artístico Nacional (SPHAN)

Apesar dessa ampla concepção sobre o patrimônio nacional, que engloba bens móveis e imóveis, artefatos, registros fílmicos, cantos, culinária, cruzeiros, entre outros, operou-se uma restrição conceitual bem como uma atuação desigual do SPHAN no país, concentrando-se geograficamente nos estados de Minas Gerais, Rio de Janeiro, Pernambuco e Bahia, nos quais foram tombadas edificações, sobretudo urbanas e datadas do século XVIII, que remetem a episódios históricos e personalidades consagrados pela historigrafia brasileira.

---

[2] Trata-se de construções privadas não-monumentais, em geral edificadas sem a colaboração de arquitetos (Choay, 2001).

[3] Edifícios cujo estilo arquitetônico tem características nitidamente regionais (Choay, 2001).

[4] Constituem manifestações das artes aplicadas: móveis, escultura, tapeçaria, joalheria, decorações, murais etc.

O conjunto eleito revela o desejo por um país passado, com quatro séculos de história, extremamente católico, guardado por canhões, patriarcal, latifundiário, ordenado por intendências e casas de câmara e cadeia, e habitado por personalidades ilustres que caminham entre pontes e chafarizes (Rubino, 1999, p. 98).

As expressões e os fazeres populares são vivenciados e atualizados socialmente, desaparecendo quando perdem funcionalidade e significado. Grande parte das populações indígenas desapareceu sem nos legar informações sobre sua existência. Em relação a São Paulo, o cosmopolitismo e a dinâmica do povo não foram compreendidos pelo SPHAN, que apenas tombou casas bandeiristas e capelas jesuíticas.

A dinâmica cultural é carregada por valores compartilhados coletivamente. Apenas são apropriados pelas gerações futuras quando estas se identificam com os bens, quando compõem sua memória, seu passado, alcançando sentido e sentimento coletivo de identidade. Tal característica pode ser percebida quando notamos o valor diferenciado atribuído aos bens culturais por diferentes grupos.

Parte das manifestações simbólicas desapareceu sem nunca ter sido analisada ou documentada, perdeu-se no tempo. Sua perpetuação depende do grupo, do período histórico, das questões ideológicas que permeiam a patrimonialização e a visão de identidade que está sendo construída concomitantemente a esse processo.

b) Um novo olhar sobre o patrimônio

O patrimônio cultural é entendido como um amplo e diversificado conjunto de bens culturais que permite a cada segmento social se apropriar do passado, compondo imagens de sua identidade, quer individual, quer coletiva (Nora, 1993). Destituído de critério único, objetivo e universal, o conceito engloba bens culturais não-consagrados, expressões e fazeres das classes populares, bem como a identificação de elementos coletivamente importantes em nossa sociedade, além do tradicional patrimônio histórico e artístico. Busca-se a valorização da cultura, da memória, da educação e da história.

Medidas de preservação e reutilização do patrimônio cultural constituem uma forma de envolvê-la, possibilitando a conscientização e a revitalização das tradições. A valorização da identidade cultural permite que se intensifique o sentimento de pertencimento à comunidade. Em contrapartida, o abandono e a desvalorização do patrimônio cultural expressam a nossa dependência cultural.

A alteração do conceito está associada à mudança do significado do termo "bem cultural". Deve-se ponderar que os conceitos são historicamente datados e estão associados à própria história da sociedade. Cabe aos órgãos de preservação incorporar verdadeiramente o conceito "patrimônio cultural", estendendo sua política de valorização para aspectos não consagrados da cultura brasileira.

Patrimônio e identidade

Nota-se uma tendência atual de reafirmar as identidades coletivas contrapondo-se ao movimento de uniformização cultural gerado pela globalização, do qual podemos apontar certa homogeneização do cotidiano. A valorização do patrimônio cultural surge como resposta a essa uniformização das identidades coletivas, conformando-se em objeto comercializável dos empreendimentos turísticos.

Os moradores reconhecem-se como membros de uma localidade, referenciam as histórias vivenciadas, resistem às investidas de grupos hegemônicos e especuladores, solidarizam-se com as dificuldades de seus pares. Tecem uma trama que provavelmente jamais ocupará as páginas dos livros de história de seus descendentes, seus lugares de memória estão ocultos aos programas de exploração turística.

Verifica-se uma tendência de diversificação dos produtos turísticos: aos elementos sol, praia e diversão noturna somam-se os recursos históricos, étnicos e culturais. Destaca-se a valorização do pitoresco, do tradicional, do passado e de seus testemunhos (Talavera, 2002).

A exploração comercial dos recursos patrimoniais deve ser precedida de um planejamento e acompanhamento permanentes, para que se evitem a expropriação cultural das comunidades receptoras, a degradação ambiental, os desequilíbrios socioeconômicos e a desvalorização cultural. Os empreendimentos devem promover a rentabilidade econômica e o desenvolvimento social, alicerçados em critérios de qualidade que resultem na melhoria da qualidade de vida dos moradores e não apenas canalizados para o bem-estar do turista.

a) Hospitalidade e patrimônio

Ao problematizar a relação com a hospitalidade, o programa de exploração turística deve contemplar ações que possibilitem aos moradores descobrir, tomar consciência e valorizar suas próprias riquezas, materiais ou imateriais. O ato de hospitalidade cristaliza-se no movimento de preservação e melhoria dos bens, no sentimento de orgulho pelo patrimônio cultural, processo que garante, ainda, a manutenção momentânea dos bens e o melhor acolhimento ao visitante.

Um programa de exploração turística com base no patrimônio cultural, ao propor ação para promover e divulgar bens culturais, deve ter entre seus objetivos iniciais o fortalecimento das identidades culturais e a dinamização da cultura.

A metodologia de pesquisa: identificando o patrimônio

A identificação do patrimônio cultural deve ter como instrumento de pesquisa um inventário que evidencie os bens tangíveis e intangíveis coletivamente importantes, com a preocupação de relacionar turismo e patrimônio. Não se deve priorizar apenas os bens tombados ou estabelecer a hierarquização ou categorização do patrimônio, deve-se valorizar seu potencial de atratividade e sua importância social. Tais informações devem ser sistematizadas e possibilitar acesso rápido e seguro, em um único local, aos dados das áreas de interesse histórico e cultural.

O objetivo é reunir, em um banco de dados, informações concisas sobre a natureza dos bens culturais, valor ambiental, histórico, instrumentos de proteção e características básicas, incluindo potencialidade turística, sinalização, acessibilidade, divulgação e demanda.

```
                    ┌─────────────────┐
                    │ Pesquisa inicial│
                    └────────┬────────┘
              ┌──────────────┴──────────────┐
    ┌─────────────────────┐        ┌─────────────────────┐
    │ Patrimônio cultural │        │  Patrimônio cultural│
    │     consagrado      │        │    não consagrado   │
    └──────────┬──────────┘        └──────────┬──────────┘
    ┌──────────┴──────────┐        ┌──────────┴──────────┐
    │pesquisa bibliográfica│       │     entrevistas     │
    └──────────┬──────────┘        └──────────┬──────────┘
    ┌──────────┴──────────┐        ┌──────────┴──────────┐
    │órgãos de proteção do│        │sociedades de amigos │
    │     patrimônio      │        │      de bairro      │
    │bibliotecas especializadas│    │associações comerciais│
    │       jornais       │        │       párocos       │
    │        sites        │        │      moradores      │
    └──────────┬──────────┘        └─────────────────────┘
    ┌──────────┴──────────┐
    │   banco de dados    │────────────────┘
    └─────────────────────┘
```

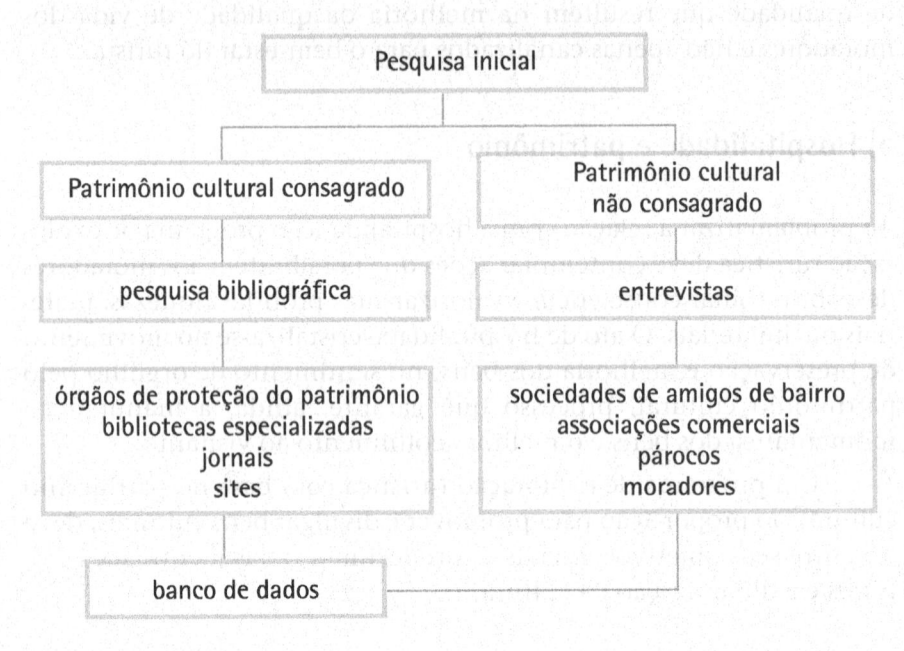

Figura 1 – Patrimônio cultural.

a) Fontes de pesquisa

Inicialmente, deve-se pesquisar nos órgãos de proteção do patrimônio histórico e cultural da municipalidade ou do governo do Estado a existência de estudos sobre os bens da localidade.

Inventariar o patrimônio cultural implica uma multiplicidade de classificação e agrupamento do bem, que deve ser analisado de acordo com seu sistema, relacionado a seu ambiente, sem que seja tratado como obra autônoma, descontextualizado de sua história e cultura regional.

Visando à identificação do patrimônio cultural, devem-se realizar pesquisas bibliográficas em bibliotecas especializadas e sites, bem como pesquisas de campo.

b) Pesquisa de campo

A pesquisa de campo tem por objetivo identificar o circuito de produção, consumo, sentido e valor dos bens culturais na sociedade (Meneses,

1996, p. 94). Visa a identificá-los em seu ambiente, na totalidade da vida social, observando as relações que se estabelecem com os moradores no cotidiano. Essa proposta metodológica objetiva a observar afetividades e relacionamentos que surgem entre o morador e os bens.

Faz-se necessário destacar o aspecto ideológico subjacente à patrimonialização dos bens culturais que variam no tempo e no espaço. "O patrimônio cultural é uma invenção e uma construção social" (Prats, 1998, p. 63). Constitui processo de invenção, na medida em que gera discursos sobre a realidade, relacionando-se com o poder, não só político mas também cotidiano, e os negócios do Estado. Trata-se de uma construção social, pois ocorrem a legitimação e a assimilação social dos discursos criados.

> Nenhuma invenção adquire autoridade até que se legitime como construção social e nenhuma construção social se produz espontaneamente sem um discurso prévio inventado (seja em seus elementos, em sua composição e/ou em seus significados) pelo poder (Prats, 1998, p. 64).

É nesse sentido que se procura identificar com o morador o que ele identifica como seu patrimônio, ou seja, se os discursos são assimilados e se ocorre a interação com tais bens. Para possibilitar tal objetivo, sugere-se a realização de entrevistas com moradores da cidade, escolhidos aleatoriamente, em diferentes regiões do município, oriundos de diferentes setores sociais, variadas faixas etárias, em horas diferenciadas. As entrevistas proporcionam a criação de um espaço de interlocução, no qual o morador pode designar o patrimônio cultural que considera significativo em sua região.

Corre-se o risco de os entrevistados terem dificuldades com a terminologia "patrimônio cultural". Para superar o obstáculo, o entrevistador deve estar munido de questões que objetivem o mapeamento do patrimônio, sem necessariamente interromper a abordagem, investigando sobre a existência de edificações, logradouros, etnias, religiosidades, obras de arte, danças e comidas típicas, ou seja, as particularidades da região pesquisada.

Camargo (2002) evidenciou a importância da relação afetiva dos moradores com o patrimônio para a preservação dos bens culturais. Apesar de estarem incorporados ao cotidiano, os bens não são distinguidos como patrimônio cultural.

Ao contrário do que se imagina, os moradores locais, embora apresentem afetividade por elementos do patrimônio construído ou potencialmente a constituir, não têm condições de distinguir sua importância. Os objetos estão incorporados ao seu cotidiano. É preciso afastamento e estudo, para compreender que o que temos diante de nós apresenta diferenças que não podem ser conhecidas intuitivamente.

Corre-se o risco de a pesquisa evidenciar uma concepção de patrimônio marcada por uma visão tradicionalista. Os bens consagrados no imaginário popular são, sobretudo, as edificações e os logradouros de caráter histórico, bem como determinados estilos arquitetônicos. Poucos destacam logradouros afinados a seu cotidiano, onde realizam trocas comerciais, reúnem-se com amigos para a seresta, dirigem-se semanalmente para louvar seus entes imaginários. Desqualificam-se tradições culinárias, ignorando peculiaridades da sabedoria popular, com seus remédios caseiros, soluções arquitetônicas das edificações de caráter permanente ou temporário. Musicalidade e notas dissonantes ao circuito comercial vigente tornam-se exóticos para os programas de exploração turística. Mas como evitar a expropriação cultural e implantar um programa de exploração turística que respeite a diversidade e fomente a economia?

c) Técnicas e estratégias de coleta de dados

A metodologia de pesquisa pauta-se por identificar o patrimônio cultural coletivamente importante, mediante a realização de entrevistas com moradores/usuários da cidade. As entrevistas devem ser realizadas com as associações comerciais e de moradores, jornais, ONGs e paróquias, e com moradores que não integrem movimentos organizados. Tal estratégia decorre da necessidade de se perceber o patrimônio cultural incorporado ao cotidiano dos moradores, e não apenas àquele apontado pelos técnicos da preservação, pelos arquitetos, historiadores, engenheiros e particulares afinados com a temática como dignos de se perpetuarem no tempo.

A integração dos moradores ao projeto pode ser mediatizada por uma exposição de fotografias antigas, artesanato, objetos e outros fornecidos pela própria comunidade, em locais pelos quais se tenha o desejo de ativar para rememorar o passado e fortalecer o sentimento de pertencimento ao grupo.

O envolvimento do morador no processo de identificação do patrimônio e no planejamento turístico são fundamentais para o sucesso de empreendimento. A metodologia proposta busca a interação com o morador para o levantamento de informações sobre os bens.

Deve-se realizar a pesquisa de campo nas áreas investigadas visando às edificações evidenciadas em entrevistas e ao mapeamento do entorno, a fim de estabelecer o levantamento da potencialidade turística. Deve-se também recorrer a consultas a bibliotecas especializadas e portais da Internet.

A pesquisa sobre o patrimônio cultural intangível, mais especificamente, as manifestações de caráter popular, festas e tradições populares ainda existentes na cidade, revela-se a fase mais problemática do levantamento, apesar da permanência de festas populares de caráter devocional, logradouros que se notabilizam pela realização de feiras, que se tenham destacado pela criação de projetos musicais, atividades desportivas, desfiles, comemorações de aniversário de bairro etc. A identidade étnica dessas manifestações culturais ainda pode ser identificada por ser mantida em festividades relacionadas às comunidades que lhes deram origem.

As pesquisas institucionais e entrevistas com profissionais das áreas de preservação e técnicos da administração municipal objetivam conhecer os projetos turísticos, sobretudo aqueles cujo enfoque é o turismo cultural e o impacto da legislação de proteção no turismo.

Parte do patrimônio cultural está em processo de descaracterização e degradação física. Muitos bens se localizam em áreas convertidas em parques de estacionamento irregular ou de concentração de comércio ambulante. A proteção e a divulgação desses bens têm sido relegada pelo poder público, que nem sequer se preocupa em mapeá-lo ou em sistematizar as informações.

As áreas centrais de nossas cidades apresentam grande concentração de bens culturais, por isso se faz necessário um plano de ação que altere o congelamento das funções ali instituídas, interferindo no processo de reprodução da economia local, requalificando-a e desenvolvendo um projeto de turismo que garanta a sustentabilidade do patrimônio cultural. A reabilitação do espaço urbano e a restauração do patrimônio cultural são instrumentos importantes no fortalecimento das manifestações culturais em processo de descaracterização. Observe-se apenas o risco de empreender uma limpeza social da área em nome da circulação de setores sociais dignos de tais regiões.

Promover o trabalho de educação patrimonial é a conseqüência lógica desse programa. Inseri-lo no planejamento de atividades de lazer[5] que envolvam o patrimônio cultural da cidade, valorizando a cultura e a história, e requalificar as áreas degradadas têm efeito positivo na valorização da memória da nação e no exercício da cidadania.

A metodologia de inventário deve estar permanentemente em processo de aperfeiçoamento, fruto do diálogo que se estabelece no trabalho de campo e levantamento bibliográfico. Devem-se reunir dados e evidenciar o potencial de atratividade dos bens culturais, valorizando-os sem, no entanto, estabelecer hierarquizações ou categorizações, descartando as manifestações culturais de caráter popular.

Quadro 1 – Ficha de identificação: patrimônio cultural material

- **Bem cultural:** denominação usual do bem; inclua diferentes nomenclaturas existentes.

- **Localização:** para evitar a repetição de informações, destaque endereço, bairro e município.

- **Tipo de edificação:** religiosa, civil, militar, pública e outras.

- **Proteção:** identificar a existência de proteção municipal, estadual ou federal. Essa informação é importante quando se protege a alteração de uso, reformas, adaptações e outros.

- **Época da construção:** precisar o ano de construção e eventuais alterações do bem.

- **Projetista:** destacar o nome do arquiteto ou escritório responsável pelo projeto.

- **Uso original:** apresentar o uso inicial do bem.

---

[5] Entre algumas atividades sugeridas, pode-se destacar caminhadas, animação sociocultural, danças, jogos organizados, visitas às edificações etc.

- **Uso atual:** identificar o uso atual.

- **Interesse turístico:** explicar a possibilidade de sua conversão em atrativo turístico.

- **Sinalização:** destacar e avaliar a sinalização interna e de acesso ao bem.

- **Demanda:** identificar a existência de uma demanda natural de visitação.

- **Área envoltória:** indicar a presença de outros bens culturais nas proximidades.

- **Divulgação:** identificar a existência de programa de marketing destinado a incrementar a visitação – folheteria, propaganda em periódicos.

- **Histórico:** descrever a época de construção do bem, sua importância, fatos relevantes, personalidades relacionadas às atividades desenvolvidas no local, curiosidades etc.

Exploração comercial do patrimônio cultural

No centro histórico das cidades, a falta de interação do morador com os bens promove dificuldades para a implantação do turismo. A cidade não está preparada para o morador, não há interação com o passado, com seu patrimônio. A concentração de atividades de tendência universalizante, sem relação com a identidade de seus moradores, e o amplo processo de eliminação do uso residencial constituem fatores responsáveis pelo comprometimento da afetividade com o entorno.

Nossa identidade não se encontra valorizada, termo entendido aqui como diversidade e não singularidade congelada no tempo. Tal situação decorre, entre outros fatores, do não envolvimento do morador no processo de identificação de seu patrimônio. Em muitos casos, ele é informado sobre o que deve valorizar, mas não participa do processo decisório sobre o levantamento dos bens, assim, nesse sentido, não exerce sua cidadania. Mas o que pode ser identificado como elementos de nossa identidade?

```
        ┌─────────────────────────────────┐
        │   Patrimônio cultural a ser     │
        │  ativado como atrativo turístico│
        └────────────────┬────────────────┘
                         │
            ┌────────────┴────────────┐
            │  Educação patrimonial    │
            └────────────┬─────────────┘
                         │
        ┌────────────────┴────────────────┐
        │                                 │
┌───────┴────────────┐         ┌──────────┴─────────┐
│ Sensibilização do  │         │ Sensibilização do  │
│ morador para a     │         │ morador para o     │
│ preservação        │         │ turismo            │
└───────┬────────────┘         └──────────┬─────────┘
        │                                 │
┌───────┴─────────────────┐    ┌──────────┴──────────┐
│ Exposição de depoimentos│    │ Envolvimento da     │
│ e fotografias           │    │ comunidade no       │
│ atividades recreativas: │    │ planejamento        │
│ gincanas, caminhadas,   │    │ turístico           │
│ visitas, mostras, jogos,│    └─────────────────────┘
│ concursos, feiras de    │
│ artesanato e tecnologia,│
│ degustação dos produtos │
│ locais                  │
└─────────────────────────┘
```

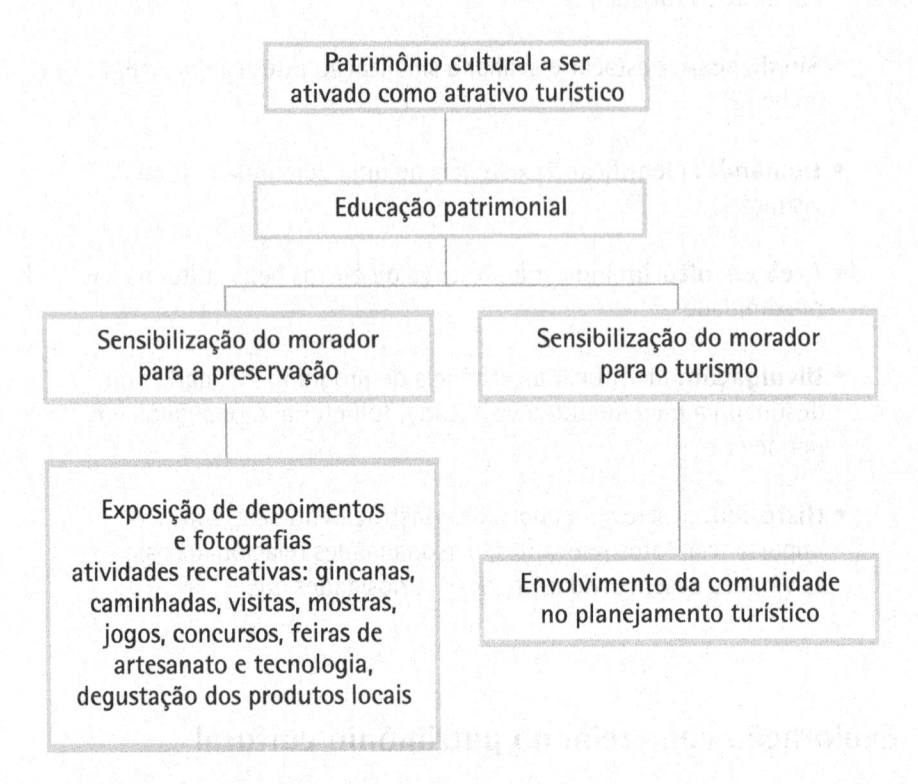

Figura 3 – Interpretação do patrimônio cultural.

Dados históricos costumam ser a pronta-resposta do corpo técnico envolvido em programas de preservação do patrimônio. Destacam-se museus, sítios arqueológicos, edificações de diferentes estilos arquitetônicos, obras de arte e logradouros. Acrescente-se a alimentação, formas de moradia, religiosidade, representados em suas construções, quer ritos, hábitos e crenças, festas, feiras e mercados, música, dança e artesanato. Sistemas produtivos caracterizadores da região, por seu sistema tradicional ou por especificidade, também têm sido apontados como bens culturais. Inscrevem-se nessa categoria os setores vinícolas, produtores de alimentos e antigas fazendas de café, que ainda preservam edificações e instalações destinadas à produção. Festas de caráter popular ou religioso constituem os elementos imateriais de nosso patrimônio, cujo conjunto é comumente convertido em atrativo turístico.

Considerações finais

É preciso estar preparado para identificar o patrimônio cultural com o morador. Corre-se o risco de o projeto ser prontamente abandonado, quando essas dificuldades são encontradas. É preciso que esse processo seja acompanhado por um programa de educação patrimonial que valorize o passado de todos os setores sociais e seus ícones. Apenas com a preparação da cidade para o morador, com a interação com seus bens, que conformaremos um ambiente hospitaleiro e deixaremos de ser uma cópia piorada de outras cidades. Só então poderemos pensar na implantação de programas turísticos bem-sucedidos.

Caracterizadas pela diversidade cultural, pelo dinamismo de suas transformações, pela alteração de centralidades financeiras e variedade gastronômica, muitas cidades não estão preparadas para receber o turista de forma hospitaleira. Seus laços estão neutralizados, pois não há elementos identitários que caracterizem o espaço social, apenas pedra e cal, e o visitante não consegue dispor deles livremente. A interpretação deve ser um processo compartilhado com o morador, pois só assim o visitante conseguirá apropriar-se do sentido coletivo existente.

Proposta de atividade

Exemplo de pesquisa que pode ser pedida pelo professor para refletir sobre a diversidade cultural brasileira a partir da valorização da história e do patrimônio de sua cidade.

Propor ao aluno que desenvolva as seguintes atividades:

1. Pesquisar nos órgãos do poder municipal sobre as potencialidades turísticas da região e fazer um levantamento dos possíveis programas adotados para incrementar a atividade turística.

2. Levantar e mapear as manifestações de cultura popular, artesanato e folclore existentes na região.

3. Identificar o patrimônio artístico, arquitetônico, arqueológico, gastronômico e histórico existentes.

4. Elaborar um roteiro estruturado de entrevistas para verificar a visão dos moradores da região sobre o patrimônio cultural identificado nos itens 2 e 3.

5. Realizar as entrevistas conforme o roteiro elaborado no item anterior.

6. Complementar a pesquisa realizada nos itens 1, 2 e 3 com pesquisa de campo direcionada aos bens culturais selecionados:

   6.1 Preencher a ficha de identificação dos bens (conforme o Quadro 1 deste capítulo).

7. Elaborar um relatório com uma avaliação crítica da possibilidade de aproveitamento turístico dos bens investigados, considerando a avaliação dos bens do ponto de vista turístico e as opiniões dos moradores locais.

Referências bibliográficas

ALBANO, Celina e MARIS, Stela. *Interpretar o patrimônio:* um exercício do olhar. Belo Horizonte: Território Brasilis/Editora UFMG, 2002.

BARRETO, Margarita. *Turismo e legado cultural.* 3 ed. Campinas: Papirus, 2002.

CAMARGO, Haroldo Leitão. *Patrimônio histórico e cultural.* São Paulo: Aleph, 2002.

CHOAY, Françoise. *A alegoria do patrimônio.* São Paulo: Unesp/Estação Liberdade, 2001.

FUNARI, Pedro Paulo e PINSKY, Jaime (Orgs.). *Turismo e patrimônio cultural.* São Paulo: Contexto, 2001.

GARCIA CANCLINI, Nestor. Los usos sociales del patrimonio cultural. In: AGUILAR CRIADO, Encarnación. *Patrimonio etnológico*: nuevas perspectivas de estudio. Consejería de cultura. Junta de Andalucía, 1999.

LEMOS, Carlos. *O que é patrimônio histórico.* Brasiliense: São Paulo, 1987.

LIMÓN DELGADO, Antonio. Patrimonio. ¿De quién? In: AGUILAR CRIADO, Encarnación. *Patrimonio etnológico*: nuevas perspectivas de estudio. Consejería de Cultura. Junta de Andalucía, 1999. Disponível em: www.antropologiasocial.org. Acesso em: 4 fev. 2003.

MARCHESAN, Ana Maria Moreira. A proteção constitucional do patrimônio cultural. Disponível em: www.mp.rs.gov.br. Acesso em: 24 abr. 2003.

MARIANI, Alayde. A memória popular no registro do patrimônio. *Revista do Patrimônio Histórico e Artístico Nacional*, n. 28, 1999.

MENESES, Ulpiano T. Bezerra de. Os "usos culturais" da cultura. Contribuição para uma abordagem crítica das práticas e políticas culturais. In: YAZIGI, Eduardo et al. *Turismo, espaço, paisagem e cultura*. São Paulo: Hucitec, 1996.

NORA, Pierre. Entre memória e história. A problemática dos lugares. *Projeto História*. São Paulo: PUC-SP, n. 10, 1993.

PIRES, Mário Jorge. Levantamento de atrativos históricos em turismo: uma proposta metodológica. In: LAGE, Beatriz Helena Gelas e MILONE, Paulo César (Orgs.). *Turismo*: teoria e prática. São Paulo: Atlas, 2000.

PRATS, Llorenç. El concepto de patrimonio cultural. *Política y sociedad*. Madri, 27, 1998, p. 63-76.

RODRIGUES, Marly. *Imagens do passado*: a instituição do patrimônio em São Paulo (1969-1987). São Paulo: Unesp, 2000.

RUBINHO, Silvana. O mapa do Brasil no passado. *Revista do Patrimônio Histórico e Artístico Nacional*, n. 28, 1999.

SIMÕES, Maria Cristina. *Preservação do patrimônio cultural em cidades*. Belo Horizonte: Autêntica, 2001.

TALAVERA, Augustin Santana. Mirar y leer: autenticidad y patrimonio cultural para el consumo turístico. VI ENCONTRO NACIONAL DE TURISMO COM BASE LOCAL, 2002, Campo Grande.

YAZIGI, Eduardo et al. *Turismo, espaço, paisagem e cultura*. São Paulo: Hucitec, 1996.

Análise estratégica societal no planejamento de marketing turístico

Raul Amaral Rego

Os diferentes focos do planejamento turístico

A definição da estratégia de uma organização costuma ser condicionada pela filosofia corporativa, definida por Hill e Jones (1995, p. 43) como as crenças, os valores, as aspirações e as prioridades filosóficas que influenciam o processo decisório dos gestores. Conforme estejam configuradas tais variáveis em uma organização, podem manifestar-se diferentes tipos de orientação, ou forma de condução do planejamento de marketing. De modo geral, os gestores têm um comportamento moldado por sua maneira peculiar de perceber e interpretar o ambiente de negócios no qual atuam, que por sua vez influenciam seus julgamentos sobre aquilo que deve ou não ser feito na formulação do plano de marketing.

Por exemplo, um administrador pode optar por não realizar uma pesquisa de mercado para obter informações sobre os clientes e a concorrência, ou por não acreditar que isso seja necessário, ou por não confiar nos resultados das pesquisas, ou porque não deseja gastar recursos nessa atividade, ou por ter outras prioridades, entre outras razões. Embora talvez essa decisão não seja a melhor diante das circunstâncias, pode representar um juízo aceito convencionalmente pelo corpo diretivo da organização. Ou seja, no planejamento não costuma estar em jogo aquilo que pode ser certo ou errado, mas o que os gestores concluem que deve ou não ser realizado com base em sua percepção particular da realidade.

A percepção é um elemento essencial, uma vez que cada gestor pode abranger um maior ou menor número de variáveis do ambiente de negócios da organização, incluir variáveis pouco relevantes na prática ou excluir fatores importantes do processo decisório. Esse fenômeno pode causar um tipo de problema já identificado por Theodore Levitt (1960), pelo consagrado termo "miopia em marketing", com o qual o autor criticou os dirigentes de algumas organizações por negligenciarem oportunidades e ameaças pelo fato de não perceberem os negócios de uma forma mais abrangente.

Tais questões são tratadas na teoria da administração de marketing por meio de classificações das diferentes orientações filosóficas dos administradores (Kotler, 2000 e Churchill et al., 2000), ou mesmo conforme diversos comportamentos gerenciais que teriam marcado eras distintas da administração de marketing nas organizações (Boone e Kurtz, 1998 e Berkowitz et al., 2003). Com base nessas formas de classificação, é possível caracterizar alguns tipos de foco gerencial com a finalidade de discutir suas possíveis implicações para a forma de condução do processo de planejamento de marketing turístico.

a) De dentro para fora

Manifesta-se o foco na PRODUÇÃO/OPERAÇÃO quando a inclinação do administrador é enfatizar os processos operacionais, para produzir e distribuir com eficiência e baixo custo. Nessa situação, o gestor teria a percepção de que os consumidores costumam preferir os produtos e serviços mais acessíveis e baratos.

O foco no PRODUTO representaria outra orientação, a partir da qual o administrador de marketing tenderia a enfatizar a melhoria e a diferenciação dos produtos e serviços, por pressupor que os consumidores preferem os produtos de melhor qualidade, desempenho e com aspectos inovadores.

Com o foco na VENDA, o administrador concentraria esforços no desenvolvimento de transações de venda de forma agressiva e persuasiva, por acreditar que a preferência dos consumidores deve ser conquistada mediante um grande esforço de vendas e promoção.

É importante observar que esses três primeiros focos representam orientações "de dentro para fora", isto é, tendem a considerar principalmente o ambiente interno das organizações durante o planejamento, concentrando suas decisões sobre as variáveis relacionadas à oferta de produtos e serviços.

No entanto, a teoria aponta outros tipos de focos, característicos de filosofias que tendem a orientar a administração para o ambiente externo, implicando outro estilo de planejamento, que leva em consideração a satisfação do cliente e de outros *stakeholders* relevantes para a organização.

b) O ambiente externo

Nessa outra direção, destaca-se o foco nos consumidores defendido por Levitt (1960, p. 24), que ressaltou a importância de os administradores tomarem decisões conhecendo as reais necessidades e os desejos dos clientes. Esse tipo de foco costuma ser denominado como conceito ou orientação de MARKETING, caracterizando gestores com a crença de que as metas organizacionais podem ser mais bem alcançadas com base no processo de determinação das necessidades e dos desejos dos clientes e na configuração de um composto de marketing capaz de proporcionar a satisfação desses clientes, de maneira relativamente melhor do que a apresentada ao mercado pelos concorrentes da organização.

De acordo com Boone e Kurtz (1998, p. 8-10), o surgimento do conceito de marketing acarretou uma grande mudança no comportamento da administração de marketing, uma vez que essa filosofia implica a orientação total das organizações para o mercado. Conforme os autores, seguindo o conceito de marketing, "todas as facetas da organização devem priorizar a avaliação dos desejos e necessidades do consumidor e depois a sua satisfação" (Boone e Kurtz, 1998, p. 9).

c) Marketing societal

Ainda que haja um forte reconhecimento da relevância do foco no MARKETING, a discussão sobre as diferenças no comportamento dos gestores de marketing tem avançado sobre outras formas mais complexas de abordagem que também se manifestam nas organizações. É o caso do foco no MARKETING SOCIETAL, que consiste em uma evolução do conceito de marketing. Pressupõe-se que, para atingir as metas organizacionais, seja preciso administrar com base no conhecimento das necessidades e dos desejos dos clientes, mas é importante contemplar também as demandas da sociedade como um todo, visando à satisfação dos clientes e ao bem-estar da sociedade. Em síntese, significaria buscar a consecução dos objetivos organizacionais por meio da satisfação dos clientes, com ética nos negócios e responsabilidade social.

Uma das razões expostas por Kotler (2000, p. 47) para preferir-se a filosofia de marketing societal é que o conceito de marketing, embora muito difundido atualmente, não contempla os potenciais conflitos entre a satisfação dos clientes e o bem-estar social no longo prazo. Essa opinião parece ser compartilhada por Berkowitz et al. (2003, p. 20), para os quais, "como os interesses dos consumidores, das organizações e da sociedade podem não coincidir, os gerentes de marketing freqüentemente precisam encontrar soluções aceitáveis para todas as partes". Nessa direção, a abordagem do marketing societal pode auxiliar as organizações nas decisões complexas relacionadas ao equilíbrio desses interesses.

d) Marketing holístico

Finalmente, destaca-se o foco no MARKETING HOLÍSTICO, especificamente defendido por Kotler et al. (2002, p. 27-28). A necessidade de administrar conforme o conceito de marketing holístico seria decorrente da conectividade e da interatividade manifestadas atualmente entre os diferentes atores do sistema de marketing. Segundo os autores, o marketing holístico corresponderia à integração das "atividades de exploração de valor, criação de valor e fornecimento de valor, com o propósito de construir relacionamentos e co-prosperidade sustentáveis e mutuamente satisfatórias" para os *stakeholders*: empresas, clientes e colaboradores. De tal ótica, as organizações deveriam preocupar-se em estabelecer uma rede de parcerias capazes de manter relacionamentos que construam valor, de gerar sinergia na oferta de produtos e de fidelizar os clientes.

Nesse contexto, a preocupação central de nosso trabalho reside na indagação sobre qual desses seria o melhor foco para a realização do planejamento de marketing turístico, principalmente no que diz respeito à etapa de análise, visando à definição de estratégias de marketing.

A resposta pode ser formulada, em grande parte, baseando-se na revisão do processo de planejamento de marketing e da identificação dos diversos atores e fatores que integram o ambiente de marketing turístico.

Etapas do processo de planejamento de marketing e caracterização das variáveis para análise do ambiente de marketing

Segundo Kotler (2000, p. 30), marketing "é um processo social por meio do qual pessoas e grupos de pessoas obtêm aquilo de que necessitam e o que desejam com a criação, oferta e livre negociação de produtos e serviços de valor com outros".

De acordo com essa definição, o planejamento de marketing de uma organização deveria contemplar a complexidade de cada processo social de troca, que pode apresentar diferenças marcantes conforme a variedade de participantes, tipos de necessidades e desejos e objetivos envolvidos nas negociações. Assim, seria recomendável que o planejamento de marketing tivesse uma abordagem adequada a cada tipo de negócio e às características peculiares de cada mercado.

a) Processos de planejamento: os diversos olhares

No Quadro 1, tem-se uma síntese das descrições do processo de planejamento apresentadas por diferentes autores. É possível identificar a convergência das abordagens consideradas nas etapas de análise, definição de objetivos e estratégias, elaboração de programas de ação, execução e controle.

A etapa de análise compreenderia basicamente uma auditoria dos ambientes interno e externo de marketing, com a finalidade de caracterizar as forças e deficiências da organização e identificar possíveis oportunidades e ameaças. Com os resultados obtidos nessa etapa, a organização estabeleceria seus objetivos de marketing e selecionaria as melhores estratégias para alcançá-los. Em seguida, prescreveria os programas de ação, detalhando prazos, responsabilidades e orçamento para sua execução. Finalmente, especificaria as melhores formas de conduzir a implementação dos programas e controlar os resultados obtidos ao longo do período de vigência do plano de marketing. (Rego In: Dencker e Bueno, 2003).

Quadro 1 – Síntese de diferentes abordagens sobre o processo de planejamento de marketing de organizações

Etapas básicas do planejamento	1. Análise	2. Definições de objetivos, estratégias e programas de ação	Etapas básicas do planejamento
Kotler	Análise de oportunidades de mercado	Desenvolvimento de estratégias de marketing Planejamento de programas de marketing	Administração do esforço de marketing
Kotler, Bowen e Makens	Análise ambiental e projeções Fatores ambientais Análise competitiva Tendências do mercado Potencial de mercado Pesquisa de mercado Análise de segmentação Definição do público-alvo	Definição de objetivos, estratégias, táticas, quotas Estratégias de vendas, propaganda e promoção, preço e produto Definição dos planos de ação	Recursos necessários para oferecer suporte às estratégias: pessoal, equipamento, espaço, pesquisa, treinamento, consultoria Controle de marketing: objetivos de vendas, despesas Controle orçamentário
Boone e Kurtz	Definição da missão, objetivos organizacionais, avaliação dos recursos organizacionais, avaliação dos riscos ambientais e oportunidades	Formulação de uma estratégia de marketing	Execução da estratégia por meio de planos de marketing e utilização de *feedback*
Berkowitz, Kerin, Hartley e Rudelius	Análise da situação	Foco no produto-mercado e estabelecimento de objetivos Programa de marketing	
Pride e Ferrell	Análise do ambiente de marketing Avaliação dos recursos e capacidades da organização Análise dos pontos fortes e fracos da organização Identificação de oportunidades e ameaças Análise SWOT	Definição da missão e metas organizacionais Definição de estratégias corporativas e de unidades de negócios Definição de objetivos, da estratégia de marketing e dos elementos do mix de marketing	Execução, avaliação e controle

Etapas básicas do planejamento	1. Análise	2. Definições de objetivos, estratégias e programas de ação	Etapas básicas do planejamento
Midleton	Análise ou auditoria dos mercados, consumidor, de tendências, do ambiente interno e ambiente externo Prognóstico Análise SWOT	Definição dos objetivos, orçamento de marketing, programa do *mix* de marketing	Monitoração, avaliação e controle
Churchill, J R. e Peter	Exame do plano estratégico organizacional, condução de uma análise ambiental	Desenvolvimento de objetivos e estratégias, determinação de custos e benefícios financeiros	Fase de implementação Fase de controle

Fonte: Adaptação do autor com base em Kotler (2000, p. 108-109), Kotler et al. (1997, p. 681-703), Boone e Kurtz (1998, p. 120-123), Churchill, J R. e Peter (2000, p. 101-103), Berkowitz, Kerin, Hartley e Rudelius (2003, p. 43), Middleton (2002, p. 223), Pride e Ferrell (2001, p. 21-29).

Apesar de todos os autores estudados considerarem a etapa de análise no planejamento de marketing, convém observar que eles definem o ambiente de marketing das organizações de formas diferentes.

b) O ambiente de marketing

Quadro 2 – Síntese de diferentes caracterizações do ambiente de marketing das organizações

Ambiente de marketing	1. Definição	2. Variáveis a ser consideradas
Kotler	Constituído por ambiente tarefa (participantes imediatos envolvidos na produção, distribuição e promoção da oferta) e ambiente geral (contém forças que podem produzir impacto sobre os participantes do ambiente tarefa)	Ambiente tarefa: empresa, fornecedores, distribuidores, revendedores e clientes-alvo. ambiente geral: ambiente demográfico, ambiente econômico, ambiente natural (meio ambiente), ambiente tecnológico, ambiente político-legal e ambiente sociocultural

Ambiente de marketing	1. Definição	2. Variáveis a ser consideradas
Kotler, Bowen e Makens	Atores e forças externas que afetam a habilidade da organização de desenvolver e manter transações de sucesso com seus clientes-alvo	Microambiente: outros departamentos da organização, fornecedores e intermediários de marketing macroambiente: concorrentes (forças competitivas), forças demográficas, forças econômicas, forças naturais, forças tecnológicas, forças políticas (e legislação) e forças culturais
Boone e Kurtz	Forças externas com potencial impacto sobre os bens e serviços	Ambiente competitivo Ambiente político-legal Ambiente econômico Ambiente tecnológico Ambiente sociocultural
Berkowitz, Kerin, Hartley e Rudelius	Forças que ocorrem fora da organização que afetam de diversas formas as atividades de marketing	Forças sociais Forças econômicas Forças tecnológicas Forças políticas Forças competitivas Forças reguladoras
Pride e Ferrell	Forças externas que direta ou indiretamente influenciam uma organização na busca por insumos e na criação de produtos	Forças concorrentes Forças econômicas Forças políticas Forças legais e reguladoras Forças tecnológicas Forças socioculturais
Churchill, J. R. e Peter	Fatores externos que afetam os esforços de marketing de uma organização	Ambiente econômico Ambiente político e legal Ambiente social Ambiente natural Ambiente tecnológico Ambiente competitivo
Nickels e Wood	Todos os fatores internos e externos que influenciam direta ou indiretamente o sucesso da empresa	Ambiente interno: empregados, acionistas e parceiros Ambiente externo: fatores sociais, fatores políticos, fatores tecnológicos, fatores econômicos e fatores competitivos

Fonte: Adaptação do autor com base em Pride e Ferrell (2001, p. 42), Nickels e Wood (1999, p. 44), Kotler (2000, p. 37), Boone e Kurtz (1998, p. 60-81), Churchill, J. R. e Peter (2000, p. 26-27) e Berkowitz, Kerin, Hartley e Rudelius (2003, p. 76-77).

No Quadro 2 é possível identificar diferenças entre os autores quanto às variáveis que devem ser consideradas no ambiente de marketing. Boone e Kurtz, Berkowitz, Kerin, Hartley e Rudelius, Pride e Ferrell e

Churchill, J. R. e Peter levam em consideração apenas as forças ou os fatores externos, com pouca diferença na forma de classificação. Já Kotler, Kotler, Bowen e Makens e Nickels e Wood abrangem também as variáveis do microambiente ou ambiente tarefa de marketing, que compreendem diretamente os envolvidos nos negócios: acionistas, empregados, clientes, fornecedores e intermediários.

Com o objetivo de adotar um quadro de referência para esse trabalho, são identificadas as variáveis comuns entre os autores pesquisados, as quais, convencionalmente, foram classificadas conforme outra terminologia: as instituições ou pessoas foram consideradas atores, ao passo que as demais variáveis representariam os demais fatores a ser considerados na etapa de análise do ambiente de marketing. A nova classificação é apresentada no Quadro 3.

Quadro 3 – Classificação das variáveis do **ambiente de marketing** com base na terminologia de atores e fatores

Atores	Fatores
Organização e seus departamentos	Demográficos
Empregados	Naturais (meio ambiente)
Acionistas	Culturais
Fornecedores	Legais e reguladores
Distribuidores	Sociais
Revendedores	Políticos
Intermediários de marketing	Tecnológicos
Parceiros	Econômicos
Clientes	Competitivos
Concorrentes	

Atores que devem ser incluídos na análise estratégica do ambiente de marketing turístico

Oliveira (1986, p. 53) divide o ambiente organizacional em:

- ambiente direto: conjunto de variáveis que a organização consegue perceber e cujo grau de influência recebido ou proporcionado julga poder ser avaliado;

- ambiente indireto: conjunto de variáveis que a organização consegue perceber, mas cujo grau de influência não é capaz de avaliar;

- ambiente ignorado: as variáveis restantes que a organização não consegue perceber nem, conseqüentemente, avaliar o grau de influência (Rego, 1989, p. 31).

Assim, o sucesso da análise ambiental estaria condicionado à capacidade da organização de identificar todas as variáveis que possam influenciar ou serem influenciadas pelo plano de marketing. Para realizar essa análise abrangente, a organização precisaria atuar sobre o ambiente indireto com melhores métodos de análise. No entanto, deveria tentar reduzir ao mínimo o ambiente ignorado, aprimorando sua percepção do sistema de marketing.

Incluindo as organizações complementares no ambiente direto de análise

O planejamento de marketing turístico costuma ser desenvolvido em um ambiente em que se manifestam diferentes atores, com distintas políticas e objetivos. Dessa forma, a análise ambiental defronta-se com um maior número de *stakeholders*. Por exemplo, uma empresa hoteleira tende a interagir com outros atores do sistema turístico, tais como órgãos governamentais, empresas de alimentação, transporte, entretenimento, comércio, eventos, agências e operadoras.

De fato, na oferta de produtos turísticos existem diferentes categorias e tipos de organizações atuantes, cujas atividades podem ser interdependentes do ponto de vista do relacionamento com o público-alvo. Isso ocorre quando um turista demanda um conjunto de serviços provenientes de organizações diferentes para satisfazer suas necessidades e desejos específicos de informação, transporte, hospedagem, alimentação, lazer etc. Assim, os produtos e serviços ofertados por tais organizações acabam por compor e complementar uma única experiência para o turista. De acordo com Middleton (2002, p. 48), essa relação de interdependência é muito importante para o marketing turístico, e foi apresentada por Krippendorf (1971) como complementaridade e por Morrison (1989, p. 175) como parceria.

Por essa razão, a unidade de planejamento de marketing deveria ser caracterizada como um conglomerado de organizações, de modo a permitir que o ambiente de análise fosse mais abrangente em termos de atores e fatores. Assim, a análise de marketing deveria levar em consideração o papel das parcerias e das organizações interdependentes ou complementares no exercício do planejamento. Essa situação peculiar sugeriria a execução da análise estratégica com foco no marketing holístico, isto é, considerando que a experiência formada pelo turista é complementada por diferentes organizações, deveriam ser consideradas as eventuais oportunidades para a geração de valor por meio de parcerias e trabalho sinérgico.

Essa não é uma tarefa fácil, uma vez que no sistema de turismo e hospitalidade existem diversas organizações que poderiam ser classificadas como complementares, no que diz respeito à composição de determinada experiência turística. Por exemplo, Middleton (2002, p. 12) considera cinco setores distintos na indústria do turismo:

- acomodação: hotéis/motéis, pensões, fazendas etc.;

- atrações: parques temáticos, museus e galerias, centros históricos, festivais etc.;

- transportes: companhias aéreas, transporte ferroviário, operador de ônibus, locadoras de automóveis etc.;

- organizadores de viagens: operadoras de turismo, agentes de viagens, organizadores de eventos etc.;

- organizadores de destino: organismos nacionais de turismo, escritórios de turismo regionais, associações turísticas etc.

Segundo o autor, existem ainda diversos tipos de microempresas atuando no sistema de turismo e hospitalidade, como também outras organizações que gerenciam os principais tipos de atrações abertas ao público.

a) Microempresas do sistema de turismo e hospitalidade

- Hospedagem: pensões, *bed and breakfast* e pousadas.

- Alimentação: bares e restaurantes.

- Transportes: motoristas de táxi, operadoras de ônibus de turismo.

- Lazer e entretenimento: fazendas, atrações artistícas, parques, museus, centros esportivos, pequenas atrações.

- Outras áreas: guias e intérpretes, lojas de suvenires, pequenos varejistas em geral (Middleton, 2002, p. 41).

b) Organizações que gerenciam atrações abertas ao público

- Monumentos antigos: geralmente protegidos e preservados.

- Construções históricas: castelos, igrejas, centros de cidades, vilarejos.

- Áreas designadas, parques e jardins: locais para caminhadas e prática de esportes.

- Parques temáticos.

- Atrações selvagens: zoológicos, aquários, aviários, parques selvagens, safáris, fazendas.

- Museus: grande variedade.

- Galerias de arte.

- Locais de arqueologia industrial.

- Locais temáticos de varejo: mercados antigos, especializados.

- Parques de lazer e diversão (Middleton, 2002, p. 386).

De acordo com o autor, os turistas em geral combinam diferentes serviços em sua experiência de viagem, provocando a interdependência das respectivas organizações fornecedoras desses serviços. Assim, existe "uma sinergia potencial a ser atingida nas decisões de marketing, caso fornecedores distintos encontrem formas de combinar seus respectivos esforços" (Middleton, 2002, p. 49).

Existem ainda outros tipos de organizações complementares a ser analisadas como os provedores de serviços públicos, organizações do terceiro setor e grupos de defesa ou preservação de interesses diversos como meio ambiente, patrimônio e cultura.

Portanto, enquanto em uma empresa a análise da situação objetiva, principalmente, descobrir oportunidades para obter uma maior competitividade nos negócios, em uma localidade o foco tende a expandir-se também para o conceito de sustentabilidade, ou seja, para a obtenção do equilíbrio entre os objetivos e interesses das diferentes partes envolvidas no processo. Essa característica tende a afetar bastante a etapa seguinte do planejamento, em específico a condução do processo decisório para estabelecimento de objetivos e estratégias para o marketing turístico.

Incluindo os moradores das localidades turísticas como público-alvo estratégico

Outra particularidade importante é identificada quanto ao público-alvo. Em um âmbito geral, o público-alvo costuma ser representado pelo cliente. No caso do marketing turístico, além do turista que costuma ser definido como cliente, outro público-alvo pode ser caracterizado pela população local, a qual pode ser beneficiada como consumidora dos produtos turísticos. Essas pessoas, entretanto, podem ser afetadas pelos eventuais impactos do turismo em sua região de moradia e convivência.

Para Ryan (2002, p. 17), no coração da complexa estrutura do turismo, reside a experiência individual no lugar e as interações que os turistas têm com o local, sua população e com os representantes do setor de turismo que ali trabalham. O autor destaca que, do ponto de vista de quem recebe o turista, tais experiências e interações representam impactos sobre o *status quo*. Isso estabeleceria um diversificado conjunto de responsabilidades relacionadas ao turista e às partes afetadas.

A necessidade de buscar a sustentabilidade no turismo é afirmada pela World Tourism Organization (WTO) em seu New Global Code of Ethics for World Tourism, na conferência de Santiago, em 1º de outubro de 1999. Sobre as relações entre turistas e comunidades receptoras, o artigo 1º desse código estabelece que as atividades turísticas devem ocorrer em harmonia com os atributos e as tradições das localidades anfitriãs, com respeito às suas leis, hábitos e costumes. Entretanto, as comunidades receptoras também deveriam respeitar os turistas e procurar conhecer suas expectativas, preferências e estilos de vida, destacando a importância da educação e do treinamento para desenvolver o acolhimento hospitaleiro dos turistas. Observa-se, também, que o artigo 6º trata das obrigações dos *stakeholders* no desenvolvimento do turismo, definidos como os profissionais de turismo, as autoridades públicas, a imprensa e a mídia (Ryan, 2002, p. 19).

Portanto, a análise da situação externa pode apresentar situações antagônicas quanto às preferências dos turistas e moradores, sugerindo a existência de dois tipos distintos de clientes a ser considerados durante a análise do ambiente de marketing turístico. Essa outra circunstância sugeriria a execução da análise estratégica, incluindo o foco no marketing societal, ou seja, considerando a importância de proporcionar, além da satisfação dos turistas, o bem-estar da comunidade e de seus moradores.

Dessa forma, a análise tende a ser mais complexa, envolvendo um maior número de atores além daqueles tradicionalmente relacionados na literatura da administração de marketing para organizações genéricas. No Quadro 4, é feita uma proposta de classificação mais abrangente para o conjunto dos atores a ser considerados na análise estratégica, considerando os aspectos apresentados anteriormente.

Quadro 4 – Proposta de classificação dos atores do ambiente de marketing para a análise estratégica no planejamento de marketing turístico

Atores
Entidade realizadora do planejamento: organização e seus departamentos, empregados e acionistas
***Stakeholders* diretos da organização:** fornecedores, distribuidores, revendedores, intermediários de marketing e parceiros
Público-alvo ou cliente: turistas, visitantes e moradores
Organizações complementares: hotéis, motéis, pensões, pousadas, fazendas, restaurantes, bares, parques de lazer, parques temáticos, museus e galerias, centros históricos, centros esportivos, festivais, companhias aéreas, transporte ferroviário, operadoras de ônibus, locadoras de automóveis, motoristas de táxi, operadoras de turismo, agentes de viagens, organizadores de eventos, organismos nacionais de turismo, escritórios de turismo regionais, associações turísticas, guias e intérpretes, lojas de suvenires, supermercados, shopping centers, pequenos varejistas em geral etc.
Concorrentes

Fatores que devem ser incluídos na análise estratégica do ambiente de marketing turístico

Conforme o entendimento sobre a Política de Turismo apresentado por Beni (2002, p. 101), os programas de turismo deveriam estar condicionados "à política de preservação do patrimônio cultural, artístico, histórico, documental e paisagístico natural do país", como também deveriam evitar a interferência sobre as manifestações sociais e culturais existentes em uma região.

Sobre preservação de recursos naturais, Lumsdon (1997, p. 248) observa a importância da análise ambiental mediante o potencial impacto do grande número de turistas sobre a poluição e destruição da barreira de corais em Cancún, no México. Entretanto, diante da evidente relevância dos estudos para identificação desses tipos de impacto, Kuazaqui (2000, p. 39) prenuncia a dificuldade de realizá-los com a seguinte questão: "Como podem ser avaliados os ganhos e as perdas sociais, econômicas e ambientais?" De fato, parece ser uma tarefa complexa que pode colocar em cheque a aplicação do conceito de sustentabilidade durante o planejamento de marketing turístico, geralmente motivado por interesses econômico-financeiros.

Segundo a WTO (Ahn, Lee e Shafer, 2002, p.1), a sustentabilidade no setor de turismo deve considerar a qualidade de vida das comunidades anfitriãs, a satisfação dos visitantes e o uso amigável dos recursos naturais e sociais. Os autores citam que o desenvolvimento do turismo sustentável deve incluir o foco na obtenção de harmonia entre os diferentes *stakeholders*.

Para Swarbrooke (2000, v. 1, p. 23), "o turismo sustentável é claramente uma área ampla, mal definida, que abrange muitos dos elementos do sistema de turismo."Considerando essa característica, torna-se relevante o esforço de identificar quais os fatores do sistema de turismo e hospitalidade que deveriam ser considerados no planejamento de marketing turístico de uma organização pertencente ao mesmo sistema. Nessa direção, no Quadro 5, é feita uma proposta de classificação mais abrangente para o conjunto dos fatores a ser considerados na análise estratégica.

Quadro 5 – Proposta de classificação dos **fatores do ambiente de marketing** para a análise estratégica no planejamento de marketing turístico

Fatores comuns no planejamento de marketing	Fatores específicos do planejamento de marketing turístico
Demográficos Naturais (meio ambiente) Sociais Culturais Legais e reguladores Políticos Tecnológicos Econômicos Competitivos	Geográficos Naturais: hídricos, fauna, flora Arquitetônicos Antropológicos Patrimoniais Históricos Infra-estruturais Outros fatores relevantes

Kotler (2000, p. 38-39) afirma que a administração de marketing deveria ser feita de forma socialmente responsável. Entretanto, essa premissa leva em consideração não apenas o aspecto filosófico da organização, mas também a importância estratégica de se considerarem os possíveis impactos dos programas de marketing turístico sobre os diferentes fatores que se manifestam no sistema de turismo e hospitalidade. Segundo Hill e Jones (1995, p. 59): "A responsabilidade social corporativa é o senso de obrigação, por parte das organizações, em estabelecer critérios sociais no seu processo de decisão estratégica".

A relação entre responsabilidade social e estratégia de negócios é identificada por Pride e Ferrell (2001, p. 68), com o termo "filantropia estratégica", o qual se refere à maneira como a empresa reconhece as relações íntimas entre a ação social e a estratégia empresarial. Para os autores Pride e Ferrell (2001, p. 62-78): "No marketing, responsabilidade social se refere às obrigações de uma organização de maximizar o seu impacto positivo e de minimizar o seu impacto negativo na sociedade [...] Como a ética e a responsabilidade social no marketing não são sempre vistas como questões de desempenho organizacional, muitos gerentes não acreditam que elas precisam ser levadas em conta no processo de planejamento estratégico".

Berkowitz et al. (2003, p. 110-113) identificam um tipo específico de responsabilidade social denominado "responsabilidade societal". O termo refere-se à responsabilidade com as variáveis do ambiente de marketing que não interagem diretamente no processo de troca, mas podem ser afetadas por ele, relacionando-se aos impactos dos programas de marketing sobre ecologia, cultura, patrimônio público etc.

Apesar de muitas pessoas defenderem que a principal responsabilidade de uma empresa na sociedade é a obtenção de lucro, Churchill et al. (2000, p. 40) observam que a empresa deve criar valor para os clientes, interagindo de forma responsável com outros *stakeholders*. Para a Administração de Marketing, os *stakeholders* são definidos como os "indivíduos e grupos que também têm um interesse nas conseqüências das decisões de marketing das organizações e podem influenciá-las". Os autores classificam como *stakeholders* os proprietários, clientes, empregados, distribuidores, fornecedores, financiadores, órgãos governamentais, grupos de interesse ou pressão, comunidades locais, a sociedade em geral e até os concorrentes (Churchill et al., 2000, p. 13).

Mais do que uma crença ou questão de natureza ética, do ponto de vista da definição estratégica de marketing, a responsabilidade social pode ser vista como uma atitude gerencial para a obtenção de uma visão mais ampla ou percepção mais complexa do ambiente de negócios de uma organização. Assim, levar tais variáveis em consideração, por princípio, não teria maior ou menor mérito para a organização, caracterizando apenas a diminuição de sua miopia em relação à realidade, ao considerar um maior número de fatores que costumam interferir sobre os negócios, quer sejam percebidas, quer não pelos gestores. Como observado por Nickels e Wood (1999, p. 58): "A responsabilidade social é uma parte importante do ambiente de marketing que influencia a forma como as empresas constroem e fortalecem os relacionamentos com os grupos de interesse".

Portanto, a análise estratégica mais abrangente dos diversos fatores que se manifestam no sistema de turismo e hospitalidade seria importante para permitir um posicionamento estratégico da organização em seu ambiente de marketing, visando ao estabelecimento de relacionamentos capazes de construir e acrescentar valor na formulação dos programas de marketing.

Proposta de um quadro de referência para a análise estratégica no planejamento de marketing turístico

Com base nos argumentos apresentados anteriormente, o presente trabalho é concluído com a proposição de um quadro de referência para a análise estratégica no planejamento de marketing turístico, capaz de contemplar com maior complexidade os diversos atores e fatores do sistema de turismo e hospitalidade.

Quadro 6 – Atores e fatores do sistema de turismo e hospitalidade: um quadro de referência para a análise estratégica no planejamento de marketing turístico

Atores
Entidade realizadora do planejamento: organização e seus departamentos, empregados e acionistas
***Stakeholders* diretos da organização:** fornecedores, distribuidores, revendedores, intermediários de marketing e parceiros
Público-alvo ou cliente: turistas, visitantes e moradores
Organizações complementares: hotéis, motéis, pensões, pousadas, fazendas, restaurantes, bares, parques de lazer, parques temáticos, museus e galerias, centros históricos, centros esportivos, festivais, companhias aéreas, transporte ferroviário, operadoras de ônibus, locadoras de automóveis, motoristas de táxi, operadoras de turismo, agentes de viagens, organizadores de eventos, organismos nacionais de turismo, escritórios de turismo regionais, associações turísticas, guias e intérpretes, lojas de suvenires, supermercados, shopping centers, pequenos varejistas em geral etc.
Concorrentes
Fatores comuns no planejamento de marketing
Demográficos
Naturais (meio ambiente)
Sociais
Culturais
Legais e reguladores
Políticos
Tecnológicos
Econômicos
Competitivos
Fatores específicos do planejamento de marketing turístico
Geográficos
Naturais: hídricos, fauna, flora
Arquitetônicos
Antropológicos
Patrimoniais
Históricos
Infra-estruturais
Outros fatores relevantes

Com base na abordagem ilustrada no Quadro 6, o planejamento de marketing deveria incluir na etapa de análise:

a) Os desejos e as necessidades dos moradores das localidades turísticas.

b) As organizações complementares que podem participar da experiência do turista, para identificar oportunidades comuns e possibilidades de parcerias na formulação dos programas de marketing.

c) Os fatores específicos do sistema de turismo e hospitalidade, da ótica da responsabilidade societal e da sustentabilidade dos programas de marketing.

Considerações finais

O trabalho ressalta a importância de uma abordagem mais abrangente para o planejamento de marketing turístico. Diante da grande complexidade do sistema de turismo e hospitalidade, que compreende diversos atores e fatores, a etapa de análise não deve ficar restrita às variáveis comumente indicadas na literatura de marketing. De um lado, a análise não deve contemplar apenas o turista, levando também em consideração os desejos e as necessidades dos moradores das localidades turísticas. De outro, é ressaltada a relevância de orientar o processo de formulação de estratégias conforme oportunidades comuns e possibilidades de parcerias na formulação dos programas de marketing no cenário do marketing turístico, uma vez que diferentes organizações tendem a compartilhar o mesmo cliente, ao comporem a experiência do turista, em determinado tempo e local, com seus diferentes tipos de serviços. Finalmente, são destacados os fatores específicos do sistema de turismo e hospitalidade e a necessidade de eles serem avaliados na análise do ambiente de marketing durante o processo de planejamento.

Proposta de atividade

Propor ao aluno a seguinte situação hipotética: ele trabalha em uma empresa de assessoria que foi contratada para desenvolver o planejamento de marketing de uma localidade turística, e deve escolher entre as opções:

- Porto Seguro (BA)

- Brotas (SP)

- Cidade de São Paulo (SP)

a) Com base no Quadro 6, ele deve identificar quais os atores específicos do sistema de turismo e hospitalidade da localidade escolhida, identificando as possíveis relações de parceria entre eles.

b) Com base no Quadro 6, ele também deve identificar quais os principais fatores do sistema de turismo e hospitalidade da localidade, descrevendo sua importância do ponto de vista da responsabilidade societal e da sustentabilidade dos programas de marketing.

Referências bibliográficas

AHN, Bum Yong; LEE, BungKoo; SHAFER, C. Scott. Operationalizing sustainability in regional tourism planning: an application of the limits of acceptable change framework. In: *Tourism management*, v. 23, nº 1, p. 1-15, fev. 2002.

AMBRÓSIO, Vicente. *Plano de marketing passo a passo*. Rio de Janeiro: Reichmann & Affonso Editores, 1999.

ASHLEY, Patrícia Almeida (Coord.). *Ética e responsabilidade social nos negócios*. São Paulo: Saraiva, 2002.

BENI, Mário Carlos. *Análise estrutural do turismo*. 7 ed. São Paulo: Senac, 2002.

BERKOWITZ, Eric; KERIN, Roger; HARTLEY, Steven; RUDELIUS, William. *Marketing*. 6 ed. Rio de janeiro: LTA, 2003.

BERTALANFFY, Ludwig Von. *Perspectives on general system*. Theory. Estados Unidos: George Braziller, 1975.

BOONE, Louis E.; KURTZ, David L. *Marketing contemporâneo*. 8 ed. Rio de Janeiro: LTC, 1998.

CHURCHILL, J. R. GILBERT A.; PETER, J. Paul. *Marketing*: criando valor para os clientes. São Paulo: Saraiva, 2000.

COUGHLAN, Richard. An analysis of professional codes of ethics in the hospitality industry. *International Journal of Hospitality Management*, v. 20, n. 2, p. 147-162, jun. 2001. Disponível em: www.nau.edu/library /courses/hotelrestaurant/isbellhospitality/reserve/coughlan1.html. Acesso em: 23 jun. 2003.

EMBLEY, L. Lawrence. *Doing well while going good*: the marketing link between business & nonprofit causes. Estados Unidos: Prentice Hall, 1993.

FARIAS, Gustavo. Discuss the role of business ethics in tourism marketing with specific reference to the societal marketing concept (30 nov. 2002). Disponível em: http://uk.geocities.com/tourhub/seGustavoFarias.doc Acesso em: 17 jun. 2003.

GARTNER, William C. *Tourism development*: principles, processes and policies. Estados Unidos: John Wiley & Sons, 1996.

GOELDNER, Charles R.; RITCHIE, J. R. BRENT; MCINTOSH, ROBERT W. *Turismo*: princípios, práticas e filosofias. 8 ed. Porto Alegre: Bookman, 2002.

HALL, Colin Michael. *Planejamento turístico*: políticas, processos e relacionamentos. São Paulo: Contexto, 2001.

HARRIS, Rob; GRIFFIN, Tony; WILLIAMS, Peter. *Sustainable tourism*: a global perspective. Reino Unido: Butterworth-Heinemann, 2002.

HARRISON, Lynn C.; HUSBANDS, Winston. *Practicing responsible tourism*: international case studies in tourism planning, policy, and development. Estados Unidos: John Wiley & Sons, 1996.

HILL, Charles W. L.; JONES, Gareth R. *Strategic management theory*: an integrated approach. 3 ed. Estados Unidos: Houghton Mifflin, 1995.

KLIR, George J. *The many types of complexity*, in the science and praxis of complexity. Tóquio: The United Nations University, 1985.

KOTLER, Philip. *Administração de marketing*. 10 ed. São Paulo: Prentice-Hall, 2000.

KOTLER, Philip; BOWEN, John; MAKENS, James. *Mercadotecnia para hotelaria y turismo*. México: Prentice-Hall Hispanoamericana, 1997.

_____; HAIDER, Donald H.; REIN, Irving. *Marketing público*: como atrair investimentos, empresas e turismo para cidades, regiões, estados e países. São Paulo: Makron Books, 1993.

KOTLER, Philip; JAIN, Dipak C.; MAESINCEE, Suvit. *Marketing em ação*: uma nova abordagem para lucrar, crescer e renovar. Rio de Janeiro: Campus, 2002.

KRIPPENDORF, Jost. *Marketing et tourisme*. Berne: Hebert Lang, 1971.

KUAZAQUI, Edmir. *Marketing turístico e de hospitalidade*: fonte de empregabilidade e desenvolvimento para o Brasil. São Paulo: Makron Books, 2000.

LEVITT, Theodore. Marketing myopia. *Harvard Business Review*, 38, p. 24-47, jul. ago. 1960.

LUMSDON, Les. *Tourism marketing*. Londres: International Thomson Business Press, 1997.

MATHIESON, Alister; WALL, Geoffrey. *Tourism*: economic, physical and social impacts. Inglaterra: Pearson Education, 1992.

MCCARTHY, J.; e PERREAULT Jr., William D. *Marketing essencial*. São Paulo: Atlas, 1997.

MIDDLETON, Victor T. C. *Marketing de turismo*: teoria & prática. Rio de Janeiro: Campus, 2002.

MILLER, Graham. Corporate responsibility in the UK tourism industry. *Tourism Management*, v. 22, n. 6 , p. 589-598, dez. 2001.

NICKELS, William G.; WOOD, Marian B. *Marketing*: relacionamentos, qualidade e valor. Rio de Janeiro: LTC, 1999.

OLIVEIRA, Djalma P. R. *Planejamento estratégico*: conceitos, metodologias e práticas. São Paulo: Atlas, 1986.

PRIDE, William M.; FERRELL O. C. *Marketing*: conceitos e estratégias. 11 ed. Rio de Janeiro: LTC, 2001.

REGO, Raul Amaral. *Integração de técnicas não-convencionais em marketing para melhoria da operacionalização do SIM*: aplicação em uma empresa industrial, 1995. Tese (Doutorado em Administração) – Faculdade de Administração, Universidade de São Paulo, São Paulo.

_____. Convenções, convicções e análise do ambiente organizacional. *Revista Planejamento & Gestão*, São Paulo, v. 1, n. 1, p. 30-36.

_____ e SILVA, Edison Aparecido. A atmosfera das cidades e a hospitalidade. In: DENCKER e BUENO (Orgs.), *Hospitalidade*: cenários e oportunidades. São Paulo: Pioneira Thomson, 2003.

RYAN, Chris. Equity, management, power sharing and sustainability-issues of the "new tourism". *Tourism Management*, v. 23, n. 1, p. 17-26, fev. 2002.

SWARBROOKE, John. *Turismo sustentável*: conceitos e impacto ambiental, v. 1, e 2 e 3 ed. São Paulo: Aleph, 2000.

_____. *Turismo sustentável*: setor público e cenários geográficos. v. 3. São Paulo: Aleph, 2000.

_____. *Turismo sustentável*: gestão e marketing, v. 4. 2 ed. São Paulo: Aleph, 2000.

_____. *Turismo sustentável*: turismo cultural, ecoturismo e ética, v. 5. São Paulo: Aleph, 2000.

TRIBE, John. Education for ethical tourism action. *Journal of Sustainable Tourism*, v. 10, n. 4, 2002, p. 309-324.

VAZ, Gil Nuno. *Marketing turístico*: receptivo e emissivo. São Paulo: Pioneira, 1999.

WEAVER, W. Science and complexity. *American Scientist*, v. 36, p. 536-544, 1968.

WESTWOOD, John. *O plano de marketing*: guia prático. 2 ed. São Paulo: Makron Books, 1996.

The global code of ethics for tourism. WORLD TOURISM ORGANIZATION, 01 out. 1999. Disponível em: www.world-tourism.org/fameset/frame_project_ethics.html. Acessado em: 25 jun. 2003.

Hospitalidade: da simplicidade à complexidade

Gilberto Gidra
Celia Maria de Moraes Dias

Hospitalidade e hotelaria

Por razões históricas e sociais, o estudo do fenômeno da hospitalidade como qualidade humana fundamental que se manifesta tanto no plano dos indivíduos quanto na esfera social, e que se encontra enraizada no âmbito das culturas, vem se aprofundando rapidamente e não se restringe a aspectos das relações comerciais e de consumo entre hotéis, alojamentos e hospedeiros de um lado, e hóspedes de outro.

Comparando as noções de hospitalidade e hotelaria, como áreas de discussões científicas e acadêmicas, Camargo (2002) demonstra que o termo "hospitalidade" é mais heurístico, abre-se à percepção, discussão e análise dos fenômenos de uma perspectiva muito mais ampla, que abrange o conjunto de valores, modelos e ações presentes em todas as circunstâncias do fazer humano objetivamente envolvidas com o ato de receber pessoas. Assim, a noção de hotelaria empobreceria o campo de estudo. Esse julgamento também tem sido compartilhado por alguns outros teóricos da hospitalidade, embora não exista, e é possível que nem venha a existir, uma definição e um sentido únicos para o conceito de hospitalidade, da mesma forma como não existe uma maneira única de a hospitalidade expressar-se no plano real e objetivo, embora alguns pesquisadores trabalhem com a idéia de alcançar uma definição universal e unificadora desse fenômeno.

a) O desafio: dividir ou reunir os conceitos?

Segundo Dias (2002, p. 98), originária da expressão latina *hospitalitas-atis*, a noção de hospitalidade carrega sentidos diversos, como o ato de acolher, hospedar; a qualidade do hospitaleiro; boa acolhida; recepção; tratamento afável, cortês, amabilidade; gentileza. Enfim, uma noção complexa em que se misturam comportamentos, atos, qualidades, contextos, afetos, atitudes, virtudes e valores.

Não menos complexa, a expressão *hospes-itus*, que significa hóspede, forasteiro, estrangeiro, aquele que recebe ou o que é acolhido com hospitalidade (DIAS, 2002, p. 98) designa tipos diferentes de indivíduos e até confunde as identidades de hóspede e anfitrião.

Para Lashley (2004, p. 6), existe a necessidade de uma definição ampla, que permita analisar as atividades relacionadas com a hospitalidade em três grandes domínios, que ele identifica como "social", "privado" e "comercial":

- social: considera os cenários sociais em que a hospitalidade e os atos ligados à condição de hospitalidade ocorrem junto com os impactos de forças sociais sobre a produção e o consumo de alimentos, bebidas e acomodação.

- privado: considera o âmbito das questões associadas à oferta no lar, assim como leva em consideração o impacto do relacionamento entre anfitrião e hóspede.

- comercial: diz respeito à oferta de hospitalidade como atividade econômica e inclui as atividades dos setores público e privado, em uma junção polêmica para quem entende essas duas categorias sociais como absolutamente distintas.

É truísmo dizer que a hospitalidade pública é um dever social do Estado, ainda que condicionada a uma ideologia, ou a uma visão de política pública, ou a uma práxis administrativa, enquanto a hospitalidade comercial não é exatamente um dever das empresas do setor receptivo, e muito menos uma obrigação social, mas um bem de troca comercial, um produto, um negócio.

De qualquer modo, a separação da discussão da hospitalidade em domínios e a necessidade simultânea e aparentemente paradoxal de estabelecer uma definição ampla evidenciam a realidade complexa do tema e as dificuldades que ela impõe ao seu estudo.

Na verdade, a variedade de sentidos atribuídos à hospitalidade, à multiplicidade de contextos sociais, situações e lugares a que ela tem sido associada, assim como à variabilidade do grau de complexidade e dos tipos de enfoques pelos quais ela pode ser estudada caracterizam-na como um enorme desafio tanto para os pesquisadores quanto para aqueles que desejam o estabelecimento de um conceito amplo ou unificado de hospitalidade.

b) Abordagem interdisciplinar

Uma disciplina da hospitalidade dificilmente dará conta dessa complexidade simplesmente por um conceito universal, único, ou de uma definição ampla e unificadora. A pesquisa nesse campo é multidisciplinar e precisa ser analisada sob uma perspectiva interdisciplinar. A maioria dos autores consultados reconhece que são fundamentais as abordagens pelas perspectivas histórica, cultural e antropológica, e que o exame da hospitalidade, assim como o valor posto sobre ser hospitaleiro em relação a forasteiros, sofre variações ao longo do tempo e entre as sociedades.

Os desafios epistemológicos e metodológicos enfrentados pela pesquisa em hospitalidade apontam para a emergência de um campo científico de caráter interdisciplinar, como exigência do contexto da pós-modernidade que se impõe em todas as ciências, somada à questão ética de analisar questões complexas a partir de diferentes olhares científicos, de modo a buscar respostas integradas para as ações que vierem a ser empreendidas. A pesquisa da hospitalidade deve, portanto, teorizar contemplando a perspectiva da complexidade, sendo a interdisciplinaridade uma exigência ética, uma categoria de ação (Dencker, 2003).

Embora Lashley não preconize explicitamente a interdisciplinaridade no estudo da hospitalidade, aponta para a multidisciplinaridade da abordagem realizada pelas pesquisas no Reino Unido, ainda que de forma desordenada e não interconectada, por áreas como a psicologia social, a sociologia, a antropologia e a filosofia. Em nosso ponto de vista, o objetivo a ser perseguido é interdisciplinarizar a abordagem de investigação e a visão teórica no estudo da hospitalidade.

c) A tarefa de definir hospitalidade

A definição da hospitalidade passa por três requisitos fundamentais:

- Reconhecer e estudar a hospitalidade como um fenômeno psicossociocultural e não simplesmente como manifestação individual e de atitude de um anfitrião.

- Reconhecer sua complexidade como fenômeno humano, que se manifesta em múltiplos contextos e lugares, envolve múltiplas dimensões da realidade e ocorre em meio a crises, instabilidades e mudanças sociais; cujo estudo, portanto, já não mais comporta os modelos clássicos de explicação e previsão da ciência positivista.

- Reconhecer a necessidade de estudar a hospitalidade com base em enfoques teóricos holísticos da sociedade e em uma visão interdisciplinar, que permitem contemplar em uma mesma leitura do fenômeno as dimensões da realidade tradicionalmente estudadas, de forma isolada e fragmentada, pela psicologia social, sociologia e antropologia, entre outras ciências.

Conceitos tradicionais e comerciais de hospitalidade

A análise bibliográfica do tema nos leva a observar que a pesquisa empírica da hospitalidade, assim como as reflexões acadêmicas sobre o conceito desse fenômeno, principalmente nos países anglo-saxões, estiveram concentradas até pouco tempo na área e no sentido tradicional da hotelaria e da restauração, ou seja, da hospitalidade comercial. Segundo Lashley (2004, p. 2):

Já faz algumas décadas que tanto as faculdades como as organizações da indústria nos países de língua inglesa têm usado o termo "hospitalidade" para descrever o conjunto de atividades do setor de serviços associadas à oferta de alimentos, bebidas e acomodação. [...] tanto as publicações acadêmicas quanto as da indústria assumiram a idéia de que a palavra "hospitalidade" era a que melhor descrevia as atividades previamente conhecidas como hotelaria e *catering*.

Essa função provedora também foi descrita no âmbito familiar por Guerrier (2000, p. 56), como a de suprir com segurança as necessidades humanas básicas de comida, bebida e repouso de pessoas que não são membros habituais da família. Trata-se de um dos aspectos mais relevantes para as modernas organizações comerciais que podem aprender com o estudo dos processos naturais de hospitalidade.

A clássica descrição comercial de hospitalidade não satisfaz aos questionamentos e às necessidades atuais que as pesquisas empíricas e os estudos teóricos desse fenômeno demandam no próprio campo da hospitalidade comercial. Tendo dominado historicamente o pensamento de acadêmicos e profissionais dessa área, conforme observa Lashley (2004), é criticada por Brotherton e Wood (2003, p. 202), por conceber a hospitalidade como um conjunto de atividades associadas à indústria da hospitalidade, tentando definir, simultaneamente, tanto o conceito de hospitalidade quanto a natureza e os parâmetros da "indústria da hospitalidade".

a) Planejamento e gestão da hospitalidade: um olhar sobre a prática

A experiência relatada a seguir fornece uma boa visão sobre o que pode ser a hospitalidade comercial para o gestor de uma moderna organização hoteleira.

Em palestra[1] sobre o conceito de hospitalidade seguido por sua empresa, e que procura tornar tangível nos serviços que oferece aos hóspedes-clientes, a diretora de Comunicação e Educação do Grupo

---

[1] Palestra proferida por Celia Marcondes Ferraz, diretora de Comunicação e Educação do Grupo Accor, aos alunos da 2ª turma de Mestrado em Hospitalidade da Universidade Anhembi Morumbi. São Paulo, 21/5/2003.

Accor deixou clara a visão de um planejador e gestor da hospitalidade comercial sobre o tema. Para ela, a definição da hospitalidade em uma empresa hoteleira moderna e, conseqüentemente, sua tangibilização para o consumidor, se estabelece mediante ações práticas cotidianas que devem estar necessariamente condicionadas à visão estratégica de negócios que a empresa adotou ao decidir trabalhar com determinados segmentos do mercado e tipos de consumidores, sob risco de não conseguir atingir as metas e os objetivos estratégicos definidos em seu planejamento e gestão e até inviabilizar o próprio negócio ou, no mínimo, desagradar os acionistas da empresa com seu fraco desempenho.

O grupo tem forte presença no panorama internacional e é a primeira rede hoteleira, em número de estabelecimentos, no Brasil. Atua com hotéis diferenciados que atendem a cinco segmentos distintos de mercado, cada um planejado para um segmento específico de consumidores, com base em dados de pesquisas sobre expectativas do consumidor, que vai do mais sofisticado e clássico, para um público que deseja o melhor, independentemente de quanto custe, àquele que propõe a melhor relação custo/benefício para um público que procura o *best buy*, ou seja, o melhor que se pode encontrar por R$ 50,00 a diária.

Mesmo sob essas condições, o grupo tem uma enorme preocupação em treinar todos os funcionários que mantêm algum grau de contato com os hóspedes, para assegurar que a qualidade da hospitalidade e a satisfação do hóspede sejam atendidas em cada um dos segmentos.

Partindo da hipótese de que o comércio moderno da hospitalidade humana efetivamente abole o sacrifício implícito na dádiva (que tem no ambiente doméstico sua expressão mais forte), ao trocar serviços por dinheiro, Camargo (2003) argumenta que ainda assim é possível o estudo da hospitalidade em serviços do turismo receptivo comercial, analisando o sacrifício além do contrato, verbal ou escrito, de prestação de serviço. Ou seja, que "na hospitalidade comercial, a hospitalidade propriamente dita acontece após o contrato, sendo que esse após deve ser entendido como 'para além do', ou 'tudo que se faz além do'... contrato".

Nas modernas organizações do receptivo, como é o caso do Grupo Accor, segundo sua diretora, esse "tudo que se faz além do contrato"; em grande parte, já costuma estar previsto na estrutura da organização, no posicionamento estratégico do produto e no treinamento dos funcionários, embora não conste do contrato, sendo estabelecido, até mesmo, um limite de autonomia financeira para que os gerentes cubram eventuais despesas criadas por essas situações.

Assim, o sacrifício além do contrato já está previsto pela organização comercial, tem *budget* e treinamento de funcionários. Qualquer situação além desses limites parece ser tratada como exceção, e não como regra, uma vez que os administradores acreditam que já estão fazendo tudo e o melhor possível para satisfazer determinado segmento de consumidores e suas expectativas específicas.

É interessante observar que, na rede de hotéis do grupo que oferece o *best buy*, a recepção tem por obrigação informar aos que chegam os detalhes do "contrato", como o funcionamento dos serviços, por exemplo, em que é o hóspede quem carrega as malas, passa suas próprias roupas e que, apesar de ter frigobar no apartamento, ele está vazio e não há *room service*, nem mesmo para levar uma água. Se quiser comer ou beber, o hóspede deve adquirir os produtos no bar do hotel, aquecer no microondas ou levar ao apartamento. É importante ressaltar que essa tendência do auto-serviço é bastante atual no segmento de hotéis denominados econômicos ou supereconômicos e que, em última instância, permite o enxugamento de custos, diminui o número de funcionários e altera os perfis de cargo tendentes à multifuncionalidade. Se isso não atende ao desejo do cliente, indica-se outra bandeira do grupo, diminuindo as frustrações de expectativas e deixando a questão: como fica a hospitalidade, nessa situação?

Ao final das contas, quem define o que é hospitalidade? Quem oferece? Quem procura? Ambos? A sociedade? O grupo social específico? E como poderíamos definir "tudo que se faz além do contrato"?

b) Enfoques semântico e comprobatório de hospitalidade

Fazendo uma revisão crítica a respeito da hospitalidade e da administração da hospitalidade, Brotherton (1999, p. 2) coloca em questão a essência da hospitalidade, observando que o termo hospitalidade tem sido usado de maneira bastante vaga e insatisfatória pelos pesquisadores da administração da hospitalidade. Jones (1996 apud Brotherton,

1999, p. 2) tem sugerido que não há um paradigma comum e que a pesquisa da hospitalidade existe mais na forma do que na substância.

Recentemente, Brotherton e Wood (2004, p. 200) estabeleceram dois enfoques amplos para definir "hospitalidade": o semântico e o comprobatório. Enquanto os estudos semânticos seriam abundantes, os comprobatórios ainda não se encontrariam muito desenvolvidos.

Analisando definições de hospitalidade registradas pelos dicionários,[2] Brotherton e Wood (2004, p. 202) ressaltam seu caráter genérico que dificulta o entendimento do conceito, pois limita o processo de forma unidirecional, do anfitrião para o hóspede, sendo algo exclusivamente comportamental por natureza.

No enfoque semântico de hospitalidade, a proposta de Cassee e Reuland (1983 apud Brotherton; Wood, 2004, p. 204) é indicada como mais holística, sendo "uma mistura harmoniosa de comida, bebida e/ou abrigo, um ambiente físico, bem como o comportamento e a atitude das pessoas envolvidas". Essa definição, entretanto, não explicita nem o que é uma mistura harmoniosa de comida, bebida e/ou abrigo nem que atitude e comportamento são esses.

Telfer (2004, p. 61, 68) contribui destacando que a hospitalidade não envolve apenas a troca comportamental mas também a motivação comportamental e o hábito, que estariam apenas implícitos em definições de dicionário e no termo "hospitaleiro".

> Uma pessoa hospitaleira, proponho, é alguém que proporciona hospitalidade com freqüência, atenciosamente, e com motivos apropriados relativos à hospitalidade [...] e concluo que, se um hospedeiro comercial atende bem aos seus hóspedes, com um interesse autêntico por sua felicidade, cobrando um preço razoável, não extorsivo por aquilo que oferece, suas atividades poderão ser chamadas de hospitaleiras.

Telfer considera os seguintes motivos apropriados relativos à hospitalidade: o desejo de agradar o outro; o desejo de satisfazer às necessidades do outro; a obediência ao que se considera dever da hos-

---

[2] "Recepção e acolhimento amigável e generoso de convidados ou estranhos" (*Oxford Quick Reference Dictionary*, 1996, p. 424); "amabilidade de receber estranhos ou convidados" (*Collins Concise English Dictionary Plus*, 1989, p. 604).

pitalidade; o desejo de ter companhia ou de fazer amizades; e o desejo pelos prazeres da hospitalidade.

Para Brotherton e Wood (2004, p. 200), o enfoque comprobatório, por sua vez, "deriva seu impulso da escavação de literatura secundária, teórica e conceitual por natureza, procurando localizar e definir a hospitalidade dentro do 'mundo real' da evidência". Os autores constatam que as investigações empíricas para esclarecimento do conceito de hospitalidade quase não existem. Essa falta de definição conceitual compromete a credibilidade das análises e incentiva o uso de definições arbitrárias.

Observa-se que a maioria das definições semânticas enfoca o anfitrião e suas habilidades, virtudes e deveres *a priori*. Descrições de hospitalidade do ponto de vista da vivência do hóspede parecem não existir.

c) As representações sociais: a visão do hospedeiro

Em pesquisa empírica sobre a hospitalidade, embasada na teoria das representações sociais, Avena (2002, p. 210-211) nos descreve a diferença entre:

- hoteleiro não hospitaleiro: aquele que, mesmo vendendo a hospedagem e a alimentação com certa qualidade técnica, continua considerando o viajante como um estranho em relação ao qual tem somente o dever de fazer uma prestação de serviços tecnicamente perfeita; e

- hoteleiro hospitaleiro: aquele que pensa que, além dos laços comerciais, existem entre ele e seu cliente laços quase familiares.

Para Avena, uma das expectativas mais fortes da clientela dos hotéis se traduz em um desejo de pertença, ou seja, o hotel se configura como lar temporário. O viajante deseja ser reconhecido e respeitado como ser humano e, sobretudo, quer ser desejado, bem-vindo. É a hospitalidade que transforma o estranho em hóspede. "O cliente espera que o acolhedor, aquele que o hospeda, faça tudo para protegê-lo, mesmo se ele está fora do local onde está hospedado". E ele tem a necessidade que se ocupem dele "como uma mãe se ocupa de uma criança".

Avena realiza pesquisa comprobatória partindo da teoria das representações sociais, oferecendo um quadro descritivo-explicativo da qualidade do processo de acolhimento ao turista em equipamentos turísticos de Ilhéus, Bahia. A hipótese orientadora do estudo foi que: "A (má) qualidade do processo de acolhimento nos meios de hospedagem seria resultante das representações sociais sobre ser servil ou de estar a serviço de [...] e sobre o estrangeiro, produzidas pela mentalidade local e seu contexto sócio-histórico-cultural" (2002, p. 29), que impediriam a transformação do estranho de *hostis* em *hospes*.

A pesquisa foi realizada com os hospedeiros (proprietários, gerentes e colaboradores que atuam nos equipamentos e serviços turísticos de Ilhéus), não contemplando a mentalidade do hóspede que visita o lugar. Para Avena é a mentalidade do hospedeiro que pode transformar o estranho de *hostis* em *hospes*, embora ele fale, superficialmente, sobre as expectativas dos hóspedes.

d) O parâmetro de produto

Poderíamos definir que hospitalidade é tudo aquilo que um hóspede espera de um anfitrião, ou de um lugar, ao ser acolhido espontaneamente por ele. Outra possibilidade seria defini-la baseando-se no conjunto das representações sociais, coletivas, que a sociedade, ou um grupo social como o de turistas, por exemplo, tem a respeito do que são hospedeiros, anfitriões e lugares hospitaleiros, e/ou de como deveriam acolher estranhos e turistas.

Brotherton, procurando superar a unilateralidade das definições, conceitua a hospitalidade como "uma troca humana contemporânea, assumida voluntariamente e concebida para aumentar o bem-estar mútuo das partes envolvidas, mediante oferta de acomodação e/ou alimento e/ou bebida", apud Lashley (2004, p. 212). O foco, nesse caso, é a relação interpessoal, deixando de lado os mecanismos sociais compartilhados apontados por Telfer.

Essa e outras definições não conseguem se livrar do que Brotherton denomina, em outro estudo (1999, p. 7), de a "santíssima trindade" constituída pela oferta de acomodação e/ou comida e/ou bebida (nessa ordem), que ele acredita não poder faltar em uma definição de hospitalidade, porque facilita a diferenciação entre ela e o chamado comportamento hospitaleiro.

Essa inclusão e o ordenamento proposital dos parâmetros de produto, segundo Brotherton, serviriam para diferenciar a hospitalidade de uma vasta variedade de situações de trocas mutuamente benéficas, bem como daquelas que só envolvem alimento e/ou bebida, utilizando o termo acomodação em um sentido mais amplo, para referir-se a qualquer acomodação, permanente ou temporária, usada para abrigar a troca de hospitalidade, até ao ar livre.

Se essa é a preocupação do ordenamento de produtos, então a forma correta de expressar a definição seria: "mediante oferta de acomodação, ou de acomodação acrescida de comida e/ou bebida". Mas, se a acomodação é o que caracteriza as duas situações, então para que acrescentar comida e/ou bebida?

E que oferta de acomodação deveria haver para abrigar a troca de hospitalidade em um parque ecológico, uma praça, um bosque de piquenique, uma praia ou um estádio de futebol?

E que tipos de troca humana contemporânea, assumidas voluntariamente e concebidas para aumentar o bem-estar mútuo das partes envolvidas, mediante oferta de acomodação, ocorreriam em um templo hospitaleiro, em que eu me sinto bem acolhido por Deus e mais ninguém?

É igualmente difícil imaginar uma troca humana contemporânea, assumida voluntariamente e concebida para aumentar o bem-estar mútuo das partes envolvidas que não ocorra mediante oferta de algum tipo de acomodação interna ou externa.

As queixas que Brotherton e Wood manifestam sobre a forma vaga e insatisfatória de definir a hospitalidade decorrem da expectativa de preservar a objetividade tão cara à abordagem cientificista e positivista do problema, e também de um reconhecimento da natureza cada vez mais abrangente e complexa que o fenômeno tem revelado, impondo desafios cada vez mais difíceis tanto para os estudos quanto para o esforço teórico que fazem para encontrar uma definição universal ou unificadora para o conceito.

Avena tem o mérito de, fugindo das definições semânticas, desvelar como a hospitalidade é entendida (ou não entendida) pelo anfitrião e, mesmo nesse contexto parcial, o quanto a questão é mais complexa e extrapola os limites da "santíssima trindade" constituída por acomodação, alimentação e bebida, aprofundando-se no estudo da mentalidade local e de seu contexto sócio-histórico-cultural.

Definindo hospitalidade do ponto de vista do hóspede

O interesse por aprofundar o universo cognitivo e investigativo da hospitalidade revela, por si, uma lacuna epistemológica importante que consiste em tratar a questão da hospitalidade pela ótica de quem a planeja e a oferece, de quem recebe do anfitrião ou de quem decide sobre o que ela deve ser, o que ela deve oferecer, para quem e como, sejam hospedeiros domésticos, institucionais, públicos, comerciais, a população local de uma cidade ou algum teórico semântico da hospitalidade; isso quando não tratam dos efeitos maléficos do turismo, da imigração, do afluxo desordenado e insustentável de estranhos apenas sobre a cidade e os autóctones.

Conforme observa Guerrier (2000, p. 58):

> A hospitalidade tradicional tende a ser definida pelo anfitrião. Anfitriões certamente querem agradar a seus hóspedes, mas são eles que definem a hospitalidade que o hóspede deve receber, existindo um certo consenso de que se o hóspede não ficar satisfeito é porque não soube apreciar o que lhe foi oferecido, não porque o anfitrião cometeu uma falha.

Praticamente não existem estudos ou referências sobre o que o hóspede da cidade (e não apenas de um hotel ou de uma família) pensa ou espera, assim como o convidado a visitar o lugar, a região, o passageiro em trânsito, o turista com seu olhar turístico, o estranho, o refugiado, o forasteiro, a respeito da hospitalidade e de suas várias manifestações locais.

Devemos reconhecer que ser hóspede, anfitrião e hospitaleiro podem constituir três manifestações que se referem a uma mesma coisa, elas podem ser encontradas com significados recíprocos em um mesmo indivíduo ou em uma mesma representação social da hospitalidade. Em um grupo social homogêneo, ao se definir um termo, por reciprocidade, definem-se os outros.

Segundo Telfer (apud Guerrier, 2000, p. 59), as pessoas têm o dever da hospitalidade para com aqueles que fazem parte de seu círculo. Desse ponto de vista, estabelecimentos como hotéis, restaurantes, bares, shoppings, assim como praças e outros espaços públicos, lugares de visitação, meios de transporte podem ser vistos como hospitaleiros por freqüentadores e usuários que fazem parte de seu círculo, ou seja, se identificam com eles, reconhecem sua hospitalidade, são fiéis a eles ou fazem parte do público-alvo que os freqüenta e para o qual foram dirigidos e planejados pública ou mercadologicamente, até mesmo por meio da comunicação e propaganda.

E se hóspede e anfitrião forem pessoas de grupos sociais, de culturas, enfim, de círculos diferentes, ou com interesses e motivações diferentes? O fato de ser hóspede e usufruir a hospitalidade para um cliente pode não encontrar a contrapartida esperada no que é ser anfitrião e ser hospitaleiro para outro.

> [...] um membro afluente da classe operária pode sentir que um hotel cinco estrelas ou um restaurante fino tradicional "não é para gente como nós"; um turista pode não se sentir à vontade ao entrar num bar obviamente freqüentado pela população local, enquanto uma pessoa local pode não se sentir à vontade para freqüentar restaurantes e hotéis claramente direcionados para turistas estrangeiros e gente do mundo dos negócios; uma mulher pode não se sentir bem-vinda num bar onde os clientes são homens [...] as regras e os rituais associados à hospitalidade num determinado ambiente, conhecidos dos freqüentadores, podem ser tão obscuros para pessoas de fora que elas não têm acesso ao serviço (Guerrier, 2000, p. 59).

Considerações finais

A pesquisa da hospitalidade começa a interessar às questões sociais mais complexas, como à organização e ao funcionamento das cidades, em razão dos serviços e da infra-estrutura urbana, às questões do desenvolvimento sustentável das sociedades, da preservação do meio ambiente e da qualidade de vida em espaços urbanos e rurais, e às questões sociais não menos complexas presentes nas mais variadas manifestações do recebimento, acolhimento e hospedagem de pessoas e grupos, seja de turistas, executivos, visitantes, imigrantes, seja dos sem-teto, idosos, deficientes físicos, doentes etc. Percebe-se a tendência de ampliação da noção de hospitalidade em uma visão dialética da potencialidade transformadora de suas relações. Como forma privilegiada de encontro interpessoal marcado pelo acolhimento, pode contribuir para uma configuração antropológica aos não-lugares, potencializando a humanização ou, como quer Derrida, a hospitalidade pode ser a bandeira de uma cruzada contra a intolerância e o racismo, e a base do que ele chama de democracia total.

Entendemos que, por serem os turistas os agentes sociais que acabam usufruindo tanto a hospitalidade dirigida ou construída para eles, para seu círculo, quanto os aspectos da cidade, da região e da sociedade local que não são intencionalmente dirigidos a eles, habilitam-se a ser sujeitos legítimos para conhecer os significados, conceitos, conteúdos associativos, valores e aspectos afetivos que representações mentais e socialmente compartilhadas por seu grupo social conferem à hospitalidade de um lugar turístico. Em outras palavras, é preciso conhecer a definição de hospitalidade do ponto de vista do hóspede.

Proposta de atividade

Sabe-se que uma das formas de conhecer as sensações das outras pessoas é colocar-se no lugar delas, utilizando-se a empatia. Para a execução dessa atividade, é necessário que o aluno atenda também à regra de ouro da qualidade, que é "não fazer ao outro o que não gostaria que fosse feito a você".

Visando obter material diversificado para discutir, em sala de aula, conceitos e definições de hospitalidade, proponha a cada aluno que, observando todas as regras de segurança e princípios éticos, bem como os limites de seu orçamento e outros, coma, beba ou seja acolhido em lugares aonde normalmente não iria.

Buscando verificar a hospitalidade urbana, o aluno deve:

1) Procurar observar, na prática, em sua cidade, a afirmação de Garcia (apud Dias, 2002, p.161-162):

As práticas de hospitalidade contribuem decisivamente para dar uma configuração antropológica aos chamados não-lugares, potencializando a humanização desses espaços de trânsito, como estações de trem, aeroportos, hotéis, cafés, centros comerciais, parques e praças públicas.

2) Ir a um desses "não-lugares" e ser atendido em alguma necessidade, como se fosse um turista de língua inglesa, por exemplo.

3) Adicionalmente, observar aspectos da sinalização da cidade – o aluno conseguiria, sem outras informações que não placas e sinais, chegar ao destino desejado?

4) Para examinar condições de acessibilidade, também importante fator da hospitalidade, alguns dos alunos podem, em locais e ocasiões diversas, colocar-se no papel de pessoas com deficiência, utilizando uma cadeira de rodas, um par de muletas ou uma venda nos olhos (nesse caso precisará de um colega para guiá-lo e auxiliar nas observações).

Para fazer observações na hospitalidade comercial:

1) O aluno pode visitar restaurantes étnicos ou de minorias, ou para segmentos de nível econômico, sexo e idade que não o seu, ou vestir-se e comportar-se de forma diferente da esperada para aquele grupo.

Ao menos em uma das situações acima, o aluno deverá observar:

1. Como ele se sente? (bem recebido/não acolhido, à vontade/desconfortável, interessado/desmotivado, incluído/excluído?)

2. Há outros clientes ou transeuntes? Como eles reagem ao aluno e à situação? Alguém oferece auxílio adicional?

3. Como é o atendimento do funcionário que o atende? Há outros funcionários em serviço? Qual é a reação desses ao aluno e à situação? Alguém oferece auxílio adicional?

Para preparar a apresentação

Fazer inicialmente um relato objetivo do ocorrido e, a seguir, pontuar detalhes relativos aos aspectos tangíveis e intangíveis ligados à hospitalidade, tanto em aspectos físicos como naqueles relacionados às percepções e sensações, relativas ao ambiente e às relações com as pessoas envolvidas. Com esse material em mãos, o aluno deve elaborar um conceito de hospitalidade ou caracterizar alguns elementos que a constituem.

Avaliação

O professor pode preparar uma aula para o compartilhamento dessas experiências. Do material daí decorrente, se poderá criar outras questões para debates ou trabalhos posteriores.

Referências bibliográficas

AVENA, Biagio Maurício. *Turismo, educação e acolhimento de qualidade*: transformação de hostis a hospes em Ilhéus. Bahia, 2002. Dissertação (Mestrado em Educação) – Faculdade de Educação, Universidade Federal da Bahia, Ilhéus.

BAPTISTA, Isabel. Lugares de hospitalidade. In: DIAS, Celia Maria de Moraes (Org.). *Hospitalidade*: reflexões e perspectivas. Barueri: Manole, 2002, p.157-164.

BOTTERILL, David. Método científico-social do conhecimento da hospitalidade. In: LASHLEY, Conrad; MORRISON, Alison (Orgs.). *Em busca da hospitalidade*: perspectivas para um mundo globalizado. Barueri: Manole, 2004.

BROTHERTON, Bob. Towards a definitive view of the nature of hospitality and hospitality management. *International Journal of Contemporary Hospitality Management*, Bradford, v. 11, n. 4, p. 165-173, 1999.

_____; WOOD, Roy C. Hospitalidade e a administração da hospitalidade. In: LASHLEY, Conrad; MORRISON, Alison (Orgs.). *Em busca da hospitalidade*: perspectivas para um mundo globalizado. Barueri: Manole, 2004.

CAMARGO, Luiz Octavio de Lima. Os domínios da hospitalidade. In: DENCKER, Ada de Freitas Maneti; BUENO, Marielys Siqueira. *Hospitalidade*: cenários e oportunidades. São Paulo: Pioneira Thomson, 2003.

_____. Turismo, hotelaria e hospitalidade. In: DIAS, Celia Maria de Moraes (Org.). *Hospitalidade*: reflexões e perspectivas. Barueri: Manole, 2002.

DENCKER, Ada de Freitas Maneti; BUENO, Marielys Siqueira. *Hospitalidade*: cenários e oportunidades. São Paulo: Pioneira Thomson, 2003.

_____. *Métodos e técnicas de pesquisa em turismo*. São Paulo: Futura, 2002a.

_____. *Pesquisa e interdisciplinaridade no ensino superior*: uma experiência no curso de turismo. São Paulo: Aleph, 2002b.

DIAS, Celia Maria de Moraes (Org.). *Hospitalidade:* reflexões e perspectivas. Barueri: Manole, 2002.

GIGLIO, Ernesto. *O comportamento do consumidor*. 2 ed. São Paulo: Pioneira, 2002.

GRINOVER, Lúcio. Hospitalidade: um tema a ser reestudado e pesquisado. In: DIAS, Celia Maria de Moraes (Org.). *Hospitalidade*: reflexões e perspectivas. Barueri: Manole, 2002, p. 25-38.

GUARESCHI, Pedrinho A.; JOVCHELOVITCH, Sandra (Orgs.). *Textos em representações sociais*. Petrópolis: Vozes, 1994.

GUERRIER, Yvonne. *Comportamento organizacional em hotéis e restaurantes:* uma perspectiva internacional. São Paulo: Futura, 2000.

LASHLEY, Conrad; MORRISON, Alison (Orgs.). *Em busca da hospitalidade*: perspectivas para um mundo globalizado. Barueri: Manole, 2004, p. 1-26.

ROSS, Glenn F. *Psicologia do turismo*. São Paulo: Contexto, 2001.

TELFER, Elizabeth. A filosofia da hospitabilidade. In: LASHLEY, Conrad; MORRISON, Alison (Orgs.). *Em busca da hospitalidade*: perspectivas para um mundo globalizado. Barueri: Manole, 2004, p. 57-85.

Hospitalidade na gestão em meios de hospedagem: realidade ou falácia?

Elizabeth Kyoko Wada

Necessidade de hospedagem e hospitalidade

Em análise rápida ou superficial, podem existir posições divergentes a respeito da possibilidade da aplicação de hospitalidade como parte de uma prestação de serviços remunerada. Um *Bed and Breakfast* está mais no domínio privado ou no comercial? Como o recepcionista de um hotel de luxo, com inúmeros procedimentos-padrão a cumprir, pode exercitar as qualidades previstas no âmbito privado? Como gerir aspectos que dependeriam, em sua essência, de espontaneidade e desprendimento?

O estudo mais acurado da hospitalidade trouxe à tona indagações que não eram levantadas quando as questões se colocavam de forma essencialmente semântica; muitos dos livros publicados com tal vocábulo em seu título abordam a gestão de meios de hospedagem, com ênfase em questões operacionais. Nos Estados Unidos, *hospitality industry* é sinônimo de hotelaria, apesar da utilização mais recente da expressão *lodging industry*.

Em contrapartida, há prestadores de serviços no setor que "promovem" a hospitalidade como diferencial; não será tal qualidade apenas um fator essencial, quase óbvio na oferta ao consumidor de meios de hospedagem?

Segundo Andrade, Brito e Jorge (2000, p. 18):

> O comércio é o responsável histórico pelas formas mais antigas de oferta hoteleira. As rotas comerciais da Antiguidade, na Ásia, na Europa e na África, geraram núcleos urbanos e centros de hospedagem para o atendimento dos viajantes. Na Idade Média, a hospedagem era feita em mosteiros e abadias. Nessa época, atender os viajantes era uma obrigação moral e espiritual.
>
> Mais tarde, com o advento das monarquias nacionais, a hospedagem era exercida pelo próprio Estado, nos palácios da nobreza ou nas instalações militares e administrativas. Os viajantes que não contavam com o beneplácito do Estado eram atendidos precariamente, em albergues e estalagens. Posteriormente, com a Revolução Industrial e a expansão do capitalismo, a hospedagem passou a ser tratada como uma atividade estritamente econômica a ser explorada comercialmente. Os hotéis com *staff* padronizado, formado por gerentes e recepcionistas, aparecem somente no início do século XIX.

Para uma atividade originária de relações de troca estabelecidas pelo comércio, resultando em remuneração concreta ou em intercâmbios mais sutis, tais como notícias ou transporte de correspondência, seria ingênuo pensar que se manteria isenta de transformar-se em um negócio. Enquanto perdure a necessidade do ser humano de deslocar-se e estar fora de seu domicílio habitual, haverá a necessidade de meios de hospedagem.

Hospitalidade no domínio comercial

> A oferta comercial da hospitalidade ocorre na maioria das sociedades ocidentais num contexto em que esta não ocupa posição central no sistema de valores. Para a maioria das partes, a hospitalidade é uma questão privada relativa aos indivíduos e não há requisito dominante a ser visto como beneficente ou caritativo [...] Desse modo, os "hóspedes"

podem usar as instalações sem temer qualquer outra obrigação mútua em relação ao hospedeiro, além daquela exigida pelo relacionamento mercadológico, isto é, pagar a conta (Lashley, 2004, p. 17).

A colocação anterior talvez explique o comportamento de alguns hóspedes de hotéis, quando, à primeira contrariedade ou imprevisto, afirmam estar pagando, o que lhes parece suficiente para que se dê total prioridade a suas exigências. A instalação de sistemas de controle de energia elétrica, além de cumprir com seu papel do uso racional de algo cada vez mais oneroso e da necessidade de controle de gastos, busca evitar desperdícios provocados por clientes displicentes com o simples ato de apagar luzes antes de sair. Há inúmeros hotéis com cúpulas de abajures manchadas, pois há pessoas que colocam peças de roupa, lavadas no banheiro, para secar ao calor das lâmpadas!

No entanto, há organizações que se preocupam muito com uma hospitalidade visível ao cliente externo, porém sem reflexos para seus colaboradores. Guerrier (2000, p. 111) afirma que:

> Desse modo, até mesmo culturas aparentemente fortes podem não ser tão sólidas ou uniformes quanto parecem. Há bolsões de resistência; embora as pessoas possam seguir o comportamento exigido para operar na cultura, podem não se alinhar totalmente com as premissas básicas. Isso pode ser salutar. Trata-se de organizações de trabalho, não de movimentos religiosos! A história oferece incontáveis exemplos de cultos religiosos ou seitas políticas com "culturas fortíssimas", em que os membros sofriam "lavagem cerebral" para fins violentos. Uma cultura forte não é necessariamente uma cultura ética.

a) Hospitalidade para os colaboradores?

Um dos locais passíveis de crítica em estabelecimentos que trabalham com hospedagem e alimentação é o refeitório dos colaboradores. Como pregar e exigir o correto acolhimento aos hóspedes, se os colaboradores não contam sequer com um local adequado para as refeições? À guisa de controle de despesas, há situações em que cada funcionário tem seu prato servido pelo cozinheiro, com uma "cota" de um filé por pessoa; o servir, neste caso, tem o claro objetivo de restrição.

Para colaboradores, outro momento contraditório se apresenta na exigência do cumprimento de cotas de vendas, seja na Recepção, com o adicional a ser obtido por convencer um cliente a pagar um pouco a mais e ficar em uma suíte; no restaurante, buscando vender mais vinho ou sobremesas, ou no bar, servindo itens mais condimentados que o habitual, para estimular a venda de bebidas. Nesses momentos, como diferenciar habilidades de serviço com o assédio para aumentar o "couvert médio"[1]?

b) Hospitalidade e fidelização

Para Lashley (2004, p. 19), "... Muitos provedores de hospitalidade comercial almejam estabelecer uma base sólida de clientes fiéis".

Os meios de hospedagem utilizam diferentes formas para procurar "fidelizar" seus hóspedes. Sejam pequenas atenções, como as corriqueiras cestas de frutas ou tábuas de queijos, acompanhadas de um protocolar cartão com os dizeres "Com os cumprimentos de", ou os diversos métodos de registro de preferências dos clientes, com anotações talvez inusitadas para algumas pessoas, como "Hóspede não fica em apartamentos cuja soma dos números seja 7 ou 13", "Tem problemas de coluna – colocar tábua entre colchões", "2,05 m – precisa de extensão na cama", "Nécessaire e pijamas na governança – colocar na primeira gaveta da cômoda".

Outros recursos são as premiações por intermédio dos programas de fidelidade, próprios ou de terceiros que retribuem em estadas, serviços ou bens, a regularidade mantida pelos clientes. Há muita ilusão quanto aos resultados, uma vez que os consumidores acabam se inscrevendo em diversos programas, ampliando suas possibilidades de alcance do prêmio desejado. Em períodos de baixa temporada, além de tarifas mais acessíveis, há chance em obter-se dupla ou até tripla pontuação, bem como benefícios como a hospedagem em suíte, pagando por um apartamento padrão ou descontos especiais em outros serviços, como consumos em

---

[1] Valor médio consumido, mensurado pela somatória das receitas obtidas no ponto-de-vendas, dividido pelo número de clientes do período.

restaurantes e bares. Comumente, o aumento da distribuição de pontos, que seria motivo de comemoração pelo êxito de qualquer promoção, acaba gerando insatisfação do gestor, já que suas despesas aumentam; é comum, nesse ponto, que se acabe suspendendo tal iniciativa, e o consumidor se sinta frustrado por sua lealdade ao estabelecimento.

Administração da hospitalidade

Brotherton e Wood, apud Lashley e Morrison (2004, p. 205) instigam reflexões a respeito do tema:

> Assim, o que significa administração da hospitalidade? Exatamente nada. Existe a hospitalidade e existe a administração. Ambas são atividades sociais, econômicas e políticas. Ambas são produtos da ação humana. Nenhuma pode estar outorgada de qualquer status epistemologicamente privilegiado. Ambas, porém, podem ser mais ou menos definidas, ou mais precisamente circunscritas. A administração da hospitalidade não existe senão como um rótulo lingüístico, empregado para descrever programas de estudo, estilos de pesquisa e assim por diante, predominantemente na educação superior. Entretanto, isso pode ser questionado, pois será que a administração da hospitalidade (hospitality management) não é o mesmo que gerência da hospitalidade (management of hospitality)? Em relação a isso, podemos responder "Sim, com certeza", caso se queira aludir à aplicação de um conjunto de conceitos intelectuais e práticas (administração) a um outro conjunto (hospitalidade).

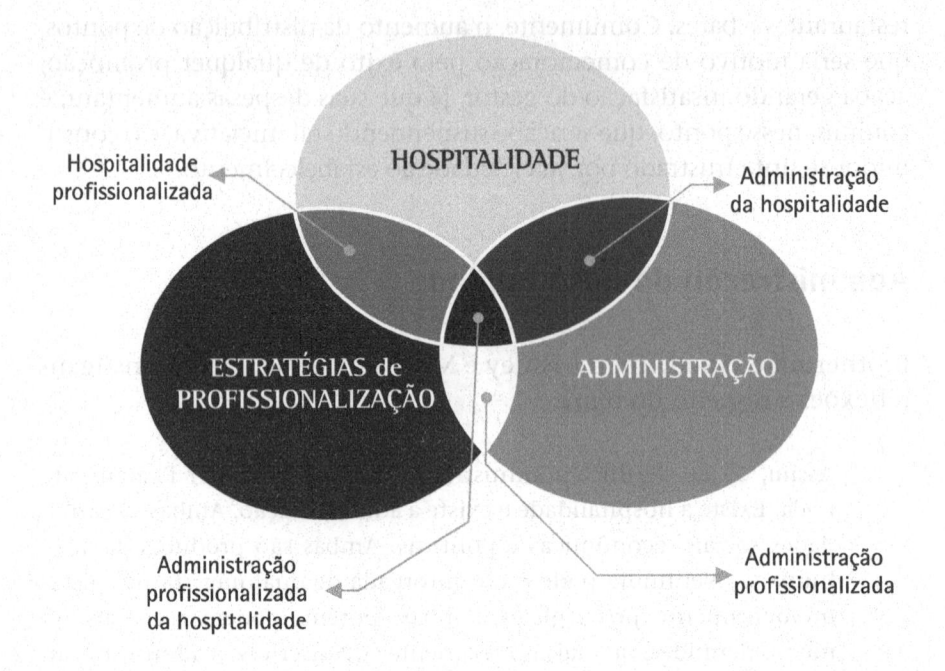

Figura 1 - Brotherton e Wood (apud Lashley e Morrison, p. 213).

Com relação às representações resultantes de áreas de intersecções, os autores fazem as seguintes considerações (2004, p. 213, 214):

- **HP (Hospitalidade profissionalizada).** Refere-se à tendência amplamente observada da oferta doméstica de hospitalidade e dos produtos de hospitalidade, sujeitos à regulamentação voluntária, conforme os padrões formulados por "consultores", em particular *chefs* renomados, críticos/escritores de gastronomia e bebidas, além de autores de manuais de etiqueta.

- **AH (Administração da hospitalidade).** Esta é a área a que inicialmente nos referimos como gerência da hospitalidade [*management of hospitality*]. Não é nada mais do que um descritor da aplicação das técnicas de administração (de qualquer tipo) para a provisão de hospitalidade, podendo ocorrer nos contextos doméstico e não doméstico (a idéia de competência administrativa aplicada à prática doméstica da hospitalidade está bem estabelecida no estudo do gênero, nos aspectos socioeconômicos de distribuição de tempo e na administração dos negócios domésticos, bem como, mais recentemente, na administração estratégica).

- **APH (Administração profissionalizada da hospitalidade).** É o que foi chamado anteriormente de "administração da hospitalidade" [*hospitality management*], representando as competências e técnicas aplicadas por administradores empregados na indústria da hospitalidade.

- **AP (Administração profissionalizada).** Representa a administração genérica em um contexto industrial.

Em tal abordagem, não há juízo de valor ou escala de acertos e erros; existe o auxílio para melhor compreensão, podendo gerar ações mais coerentes e discursos mais consistentes.

A administração profissionalizada (AP) e a administração de hospitalidade (AH) aparecem com maior intensidade na literatura existente, procurando "emprestar" da administração técnicas e procedimentos que fortaleçam o profissional ou a estrutura de hospitalidade. Boa parte das propostas de programas de qualidade, certificações, auditorias, relatórios está pautada em AP e em AH.

Apesar da ausência de dados precisos, agravados pela informalidade de parcela significativa dos negócios em hospitalidade em um país como o Brasil, percebe-se que tais iniciativas recaem na hospitalidade profissionalizada (HP). Artesãos, quituteiros, restaurantes, bares, pousadas, *bed and breakfast* são alguns exemplos presentes em HP. Em um primeiro momento, passam a negociar diferenciais que surgem de sua aptidão no âmbito da hospitalidade privada ou social.

A administração profissionalizada da hospitalidade (APH) surge, em alguns cenários, como o formato ideal, já que representa a intersecção de hospitalidade, administração e estratégias de profissionalização. Corre-se o risco, entretanto, de não obter o correto equilíbrio entre as áreas. Há, também, negócios e clientes que preferem o predomínio de uma ou duas das variáveis.

Cada vez que um consumidor manifestar sua preferência por locais onde "se sinta em casa", possivelmente estará optando pelo domínio da hospitalidade, podendo ser combinado sutilmente com estratégias de profissionalização (HP).

Aqueles que se fascinam por lugares onde tudo funcione e exista absoluta consistência em produtos e serviços apreciam a combinação hospitalidade e administração (AH), enquanto outros preferem pessoas eficientes e rapidez no atendimento de suas demandas (AP).

a) Correlação hospitalidade, administração e estratégias de comunicação

À guisa de reflexão, pode-se tentar estabelecer uma matriz entre a correlação entre hospitalidade, administração e estratégias de comunicação, estabelecida por Brotherton e Wood e alguns tipos de meios de hospedagem.

Para o presente exercício, foram consideradas pontuações de 1 a 5, conforme a necessidade de presença de hospitalidade, administração e estratégias de profissionalização:

Tipo de Meio de Hospedagem	Hospitalidade	Administração	Estratégias de profissionalização
Pousada	5	5	5
Bed and breakfast	5	5	5
Hotel econômico	3	3	3
Hotel luxo	4	4	4

Percebe-se que há oportunidade de reflexão e de muito trabalho para atingir-se a área de total intersecção da administração profissionalizada da hospitalidade.

Considerações finais

A hospitalidade, bem como sua correlação com outras áreas, tem sido tratada de maneira superficial, como se fosse uma característica natural inerente aos seres humanos, ou mero sinônimo de hotelaria. Com o avanço de discussões, pesquisas e o suporte em outras áreas do conhecimento, percebe-se a necessidade de evitar-se a banalização do vocábulo e dessa área de estudos.

O avanço dos negócios no Turismo, dentre eles os meios de hospedagem, muitas vezes ignora os impactos no anfitrião, trazendo o desenvolvimento do setor como única alternativa para um núcleo receptor, sem considerar os domínios de hospitalidade ali existentes. Pode a hospitabilidade existir sem hospitalidade? Até que ponto se ensina, quanto se aprende? Cursos superiores, técnicos, treinamentos serão suficientes para uma população local com baixo índice no domínio privado?

Não há hoteleiro que não tenha histórias e "estórias" sobre desencontros entre conceitos do visitante e do anfitrião. Não há necessidade de exemplificar com situações em que surjam barreiras de comunicação por diferença de idioma. Basta citar alguns exemplos ocorridos com brasileiros nos dois papéis:

Cena 1: O hóspede solicita ao serviço de quarto (*room-service*) um *frappé* de coco (leite batido com sorvete) e uma porção de presunto cru. Recebe uma batida de coco e presunto cozido. Ao comentar sobre os equívocos, percebe que, naquele local, a bebida pedida não tem o mesmo nome; quanto ao acompanhamento, recebe a pronta resposta "Aí não, doutor! Eu estava na cozinha e vi que cortaram o presunto e o colocaram no prato! Não está cozido, não senhor!".

Cena 2: O cliente pede um mamão papaia e um *panaché* de legumes; recebe pão com legumes, mas não vêm acompanhados da fruta. Outro garçon levou o mamão para a praia.

Cena 3: O hóspede chega a um hotel de luxo, apenas com bagagem de mão. Após os procedimentos habituais de *check-in*, dispensa o acompanhamento de mensageiro até o apartamento e recebe instruções de que bastaria colocar o cartão magnético na porta para abri-la. Como não observou a ranhura apropriada na fechadura, joga o cartão pela fresta por baixo da porta. Precisou retornar à Recepção para pedir ajuda.

Cena 4: O hóspede liga irritadíssimo para a Recepção, dizendo que o rádio de seu quarto não funciona, uma vez que todas as estações transmitiam o mesmo programa. Havia se esquecido da "Hora do Brasil".

Cena 5: O cliente vai ao *Business Center* pedir um dicionário emprestado. Como a secretária não pode deixar a posição, solicita a outro funcionário que vá à Recepção "buscar o Aurélio". Ele retorna informando que o Sr. Aurélio não estava e que, possivelmente, ainda não havia chegado.

Cena 6: O casal deixa a placa "Não perturbe" na porta durante toda a semana de estada em hotel de lazer. Os funcionários não se preocupam, pois vêem os clientes diariamente pelas áreas sociais. Na saída, os hóspedes pedem um desconto, pois seu quarto não precisou ser limpo durante todo o período em que ali se hospedaram.

Tais situações são parte do cotidiano dos meios de hospedagem e independem do nível de visitantes e anfitriões. Como realizar a gestão em meios de hospedagem, com procedimentos muitas vezes pautados em atividades industriais ou de serviços padronizados ao extremo? Como, então, inserir a hospitalidade como variável a ser contemplada nesse cenário? Talvez a pergunta que anteceda a essas seja: Por que a hospitalidade pode ser relevante para os meios de hospedagem?

Proposta de atividade

O professor pode propor ao aluno que ele se coloque na situação de uma pessoa que acaba de saber que tios distantes abriram mão de um hotel urbano, econômico, de 40 unidades habitacionais, com 40 anos de existência, em favor de seu pai. Como ele é profissional de outra área e o aluno está estudando Hotelaria, a responsabilidade da gestão do empreendimento passa para as suas mãos. Seus familiares usufruíram outro momento de mercado, quando praticamente não havia opções de hospedagem na cidade. Há dez anos, os resultados são negativos e o estabelecimento foi mantido por recursos desviados de outros negócios dos antigos sócios. Antes de se desesperar e considerar que caiu em uma armadilha familiar ou, de maneira impulsiva, partir para decisões de curto prazo, o aluno deve procurar refletir sobre:

1. Qual a importância de hospitalidade, administração e estratégias de profissionalização no negócio?

2. Qual será a aplicação da sua vivência nos domínios de hospitalidade privada e social, antes de pensar exclusivamente no comercial?

3. O aluno abordará, inicialmente, HP (hospitalidade profissionalizada), AH (administração de hospitalidade), APH (administração profissionalizada da hospitalidade) ou AP (administração profissionalizada)?

4. O aluno listará cinco ações possíveis, com os recursos disponíveis, que reflitam a escolha anterior.

Referências bibliográficas

ANDRADE, Nelson; BRITO, Paulo; JORGE, Wilson. *Hotel*: planejamento e projeto. São Paulo: Senac, 2000.

ARAÚJO, Cíntia Moller. *Ética e qualidade no turismo do Brasil*. São Paulo: Atlas, 2003.

CHON, Kye-Sung, SPARROWE, Raymond. *Hospitalidade*: conceitos e aplicações. São Paulo: Pioneira Thomson, 2003.

CROTTS, John; BUHALIS, Dimitrios; MARCH, Roger (Orgs.) *Global alliances in tourism and hospitality management*. Binghamton: The Haworth Hospitality Press, 2000.

GUERRIER, Yvonne. *Comportamento organizacional em hotéis e restaurantes*. São Paulo: Futura, 2000.

HARMAN, Willis; HORMANN, John. *O trabalho criativo*: o papel construtivo dos negócios numa sociedade em transformação. São Paulo: Cultrix, 2000.

LASHLEY, Conrad; MORRISON, Alison. *Em busca da hospitalidade:* perspectivas para um mundo globalizado. Barueri: Manole, 2004.

WALKER, John R. *Introdução à hospitalidade*. 2 ed. Barueri: Manole, 2002.

Planejamento e gestão da hospitalidade em restaurantes

Nilma Morcerf de Paula

A indústria de serviços de alimentação

A Indústria de Serviços de Alimentação (ISA), também chamada Indústria de Restaurantes (IR), engloba todos os serviços que atuam no preparo e fornecimento de qualquer tipo de alimentação e bebidas para serem consumidas pelo cliente no próprio local em que foram preparadas, ou transportadas para consumo em outro lugar (residência, carro, trabalho, evento e lazer, por exemplo).

Constituem dois segmentos: o Comercial e o Institucional ou Não-Comercial (Davis, Lockwood e Stone, 1998; Spears, 2000). O segmento Comercial compreende os serviços de alimentação criados com o objetivo de lucrar com a venda de refeições. Sua função é agradar ao cliente, satisfazendo às necessidades por ele estipuladas.

O segmento Institucional compreende os serviços de alimentação criados com o objetivo de complementar o "pacote de serviços" oferecidos ao cliente, cabendo-lhe garantir a manutenção ou recuperação da saúde do cliente, determinando, portanto, suas necessidades alimentares.

A classificação dos serviços de alimentação em Comercial e Institucional parte, principalmente, de sua identificação com os seguintes critérios:

- objetivo principal da implantação do serviço de alimentação: obtenção de lucro ou não;

- maior ou menor número de opções para o cliente, na seleção do local ou do tipo de refeição a ser feita;

Importância da alimentação para o *core business* do negócio:

- natureza jurídica do serviço de alimentação: pública *versus* privada, próprio *versus* terceirizado;

- maior ou menor dependência das demandas e competitividade do mercado;

- número fixo ou variável de clientes;

- clientela fixa ou variável;

- definição contratual antecipada ou não sobre o pagamento da refeição (quem pagará, quanto e como);

- prioridades definidas na elaboração do cardápio (aspectos funcionais, arte em gastronomia);

- inclusão de bebidas alcoólicas no cardápio.

Com base nessa análise, a ISA mantém-se estruturada até o momento da seguinte maneira:

Quadro 1 – Segmentação da Indústria de Serviços de Alimentação

INDÚSTRIA DE SERVIÇOS DE ALIMENTAÇÃO			
COMERCIAL		INSTITUCIONAL	
Hotéis	Clubes		
Restaurantes	*Catering* de eventos	Escolas	Presídios
Boates	Concessionárias de alimentação	Hospitais	Asilos
Lojas de conveniência		Creches	Indústrias
Bares	*Catering* de viagem	Empresas	Instalações militares
Lanchonetes e *Street food*	*Delivery* e *Take out*		

Delivery: solicitação eletrônica ou telefônica para a entrega da refeição em local determinado pelo cliente.

Take out: retirada da refeição pelo cliente, para consumo em qualquer outro local, fora do restaurante.

Street food: vendedores ambulantes.

a) Reestruturação e adaptações dos restaurantes

O restaurante é uma organização que administra bens (refeição) e serviços.

- Bens: itens tangíveis que podem ser mensurados, vistos, tocados e sentidos fisicamente (gênero alimentício, uniforme de funcionários, decoração, ar-condicionado, qualidade dos talheres, guardanapo, temperatura, cardápio, sabor das preparações culinárias).

- Serviços: conjugação de elementos tangíveis e intangíveis – ações, esforços ou desempenhos de difícil ou impossível mensuração como: amabilidade, cordialidade, cooperação e "disposição de servir", que são oferecidos ao cliente e por ele avaliados, tornando a *experiência da refeição* (série de eventos tangíveis e intangíveis que o cliente experimenta quando faz a refeição fora de casa) memorável, de maneira positiva ou negativa, segundo sua (cliente) percepção (Bowen e Ford, 2002; Spears, 2000).

A satisfação em comer fora de casa pode ser atribuída a muitos fatores ambientais e às várias representações das expectativas emocionais, e não somente à possibilidade de escolha e da qualidade da refeição (Finkestein, 2004).

Nesse ponto residem questões universais para qualquer tipo de serviço e para as quais os gestores direcionam grande parte de sua atenção: como conquistar e reter o cliente uma vez que ele compra não apenas o serviço mas também a "experiência" da refeição? O que o cliente procura? Qual sua necessidade? Como identificar os elementos que darão vantagem competitiva ao negócio?

É nessa direção que as ações administrativas e as pesquisas acadêmicas concentram seus esforços na tentativa de encontrar elementos que respondam a essas indagações.

Os restaurantes vêm apresentando importantes transformações ao longo de sua história. Desde seu objetivo inicial de servir caldos restauradores a pessoas debilitadas – sendo essa a origem do termo (Spang, 2003), passando por mudanças estruturais, organizacionais e funcionais, hoje os restaurantes apresentam-se como uma organização dinâmica e complexa, voltada ao atendimento das necessidades e expectativas dos clientes e à manutenção de uma posição competitiva no mercado.

Passam, então, por um processo de reestruturação gradual, iniciado pelas mudanças ocorridas na elaboração de seus cardápios, adotando novas políticas de preços e de pessoal, incorporando o conceito de logística em suas operações e ampliando o raio de atuação para outros mercados, medidas essas que têm levado à descaracterização dos serviços e vêm interferindo na segmentação dos mercados Comercial e Institucional.

Quando anteriormente podíamos visualizar o setor comercial concentrado apenas no atendimento das preferências gastronômicas da clientela e o setor institucional voltado, principalmente, ao atendimento das necessidades nutricionais dos indivíduos, hoje já não é essa a realidade que se apresenta.

Enquanto o setor comercial passa a ser e sentir-se responsabilizado pela saúde de seus clientes, introduzindo em seu cardápio o conceito e as opções de alimentação saudável, o setor institucional passa a assimilar o conceito de "negócio" em sua gestão.

Os restaurantes comerciais têm procurado oferecer aos clientes alternativas alimentares, seja na seleção e utilização dos alimentos, seja na opção da técnica de preparo ou na variedade e quantidade dos pratos oferecidos (cardápios vegetarianos, refeições *light*, refrigerantes *diet*, preparações *low carb* entre outros). Outrossim, há legislações específicas para o setor, que determinam a obrigatoriedade de rotulagem e de informações nutricionais dos produtos alimentares comercializados.

No entanto, o setor institucional, sensível às pressões do mercado, passou a adotar o modelo comercial nos serviços de alimentação: refeições por quilo, auto-serviço em que as pessoas se alimentam do quanto quiserem e do que quiserem, muitas vezes excedendo o bom senso pela oferta de produtos a preços subsidiados.

Esse aspecto traz como conseqüência o distanciamento do foco original do setor: o de manter ou recuperar o estado de saúde da clientela atendida colaborando com a aproximação do desenvolvimento de problemas de saúde (obesidade, doenças coronarianas e hipertensão, entre outros).

Traz também atualmente uma preocupação até pouco tempo ignorada, que é a utilização dos princípios gastronômicos na elaboração dos pratos. Onde antes prevalecia a garantia do benefício funcional do alimento ao homem, hoje o setor institucional cuida para que a aplicação de novos conceitos como o de gastronomia – o uso dos sentidos na agregação de valor da refeição – crie uma *identidade* para o serviço de alimentação.

Sendo assim, os critérios utilizados para a segmentação do mercado apontados anteriormente podem ser aplicados nos dois setores, com exceção daquele relacionado ao objetivo do negócio em alimentação: se primário (Comercial) ou secundário (Institucional).

Diante desse panorama, os restaurantes voltam-se para a busca de vantagens competitivas que os diferenciem no mercado, adotando um modelo de gestão em que o foco está direcionado para a obtenção da qualidade do serviço e para a satisfação do cliente, dentro do conceito de Hospitalidade.

Entende-se por "qualidade em restaurante" sua credibilidade entre os clientes no que se refere à alimentação, ao serviço e ao ambiente à disposição intencionalmente, para corresponder às suas necessidades e expectativas. Davis, Lockwood e Stone (1998) afirmam que a superação das expectativas do cliente culmina em sua satisfação com o serviço.

Mas como superar as expectativas? Uma possibilidade é a compreensão das relações interpessoais vivenciadas durante a refeição. A multidisciplinaridade dos estudos da hospitalidade aplicados na área de restauração (bares e restaurantes) pode contribuir para o entendimento e a superação das expectativas dos clientes, uma vez que entende serem esses lugares "[...] instâncias privilegiadas, mais do que para comer e beber, para os prazeres da ludicidade humana, o ver e ser visto, a contemplação e o encontro", segundo Dumazedier (1978 apud Camargo, 2002).

Dimensões antropológicas, sociológicas, históricas e psicológicas passam a ser utilizadas como referencial para entendimento da hospitalidade e do comportamento humano no âmbito comercial.

b) Fatores que afetam o comportamento do cliente

O setor de serviços, de forma geral, tem na relação com os clientes seu maior desafio. O entendimento do comportamento humano e suas motivações de compra representam grande parte dos estudos desenvolvidos nos últimos anos. Com base no conhecimento das variáveis que norteiam seu comportamento, os restaurantes podem oferecer os itens que o cliente procura.

Sabe-se que o comportamento humano é a manifestação dos desejos, interesses, necessidades e emoções, conscientes ou não, do indivíduo aos estímulos recebidos do meio. Logo, o planejamento e a gestão de serviços voltados para o fornecimento de refeições exige uma ação orientada, especialmente, pelos preceitos derivados do conjunto de disciplinas que tratam do estudo do comportamento humano: as ciências humanas.

Quadro 2 – As ciências humanas e as contribuições para o estudo do comportametno do consumidor

Conhecimento	Contribuições ao estudo do comportamento do consumidor
Psicologia	Necessidade e motivação, aprendizagem, percepção, processo de decisão, personalidade
Psicologia Social	Atitudes e valores
Sociologia	Influências familiares, influências organizacionais, comunicação interpessoal, influências do grupo, influências da classe social
Antropologia	Influências culturais e subculturais
Filosofia	Motivos
Economia	Comportamento de escolha, receptividade ao preço

Fonte: Elaborado com base no texto de BUTTLE, Francis (1986, p. 76).

O entendimento dos mecanismos que desencadeiam o comportamento dos consumidores poderá ser útil no planejamento e na gestão de restaurantes que tenham a preocupação máxima de satisfazer o cliente, o que só poderá ser alcançado por meio do conhecimento de seu perfil para o atendimento de suas necessidades e expectativas.

Reid e Bojanic (2001) classificam as variáveis que orientam o comportamento humano em externas e internas, e justifica:

Variáveis externas

São as variáveis adquiridas ao longo da vida:

1. Cultura: padrões de comportamento e de relações sociais que caracterizam uma sociedade. No restaurante, esse fator pode indicar o número de vezes que o indivíduo fará uma refeição fora de casa, com quem ele vai e em que momento.

2. Nível socioeconômico: influencia a decisão de compra. Quem comprará a refeição? Poderá arcar com o preço estipulado? O que pedir? Quanto pedir?

3. Grupos de referência: influenciam direta ou indiretamente na formação de opinião sobre os restaurantes. São informações obtidas de pessoas ou grupos cuja credibilidade é definida pelo grau de influência que exerce sobre o indivíduo, estando relacionada a aspectos de liderança, admiração, confiança, identificação e desejo de afiliação.

4. Membros da família: as decisões de aonde ir e o que comer são compartilhadas entre os membros. Cada um representa um "papel" na representação do ato de fazer uma refeição fora. Quem detém o poder econômico define aonde ir, mas cada membro define o que comer.

Variáveis internas

São as mais difíceis de serem identificadas. Trata-se de fatores inatos, que muitas vezes nem o próprio sujeito é capaz de diagnosticar.

1. Necessidades e motivação. A necessidade é um estado de carência ou privação interna que leva o indivíduo a determinado comportamento, dirigido por objetivos ou propósitos e voltado para o desejo de satisfazer às suas necessidades. A necessidade interna é o que valoriza, ou não, o que vem de fora; ou seja, o que é oferecido terá valor apenas quando vai ao encontro da satisfação ou atendimento da necessidade em questão. As necessidades podem ser aquelas relacionadas por Maslow ou de qualquer outra natureza.

2. Observa-se que uma necessidade não atendida é o ponto de partida no processo de motivação. No restaurante, isso pode ser exemplificado quando o cliente não é atendido em suas necessidades – e cada um tem uma necessidade diferente porque cada um tem uma bagagem inata (carga genética, vivências intra-uterinas e do parto) aliada a experiências vividas (infância, adolescência) que combinadas resultam em um ser único – o resultado esperado é a frustração, que pode ser manifestada sob diferentes maneiras: ir embora, agredir, competir com outro negócio, "falar mal", identificar problemas não relacionados diretamente com sua frustração (comida ruim, mal atendimento).

3. A experiência refere-se à "primeira impressão" que o jargão popular afirma que é a "que fica", registrada sobre o evento. É a percepção baseando-se em crenças, normas e valores individuais, que servirá como parâmetro para outras avaliações.

4. Personalidade e estilo de comportamento motivacional: conservadores, solteiros, homens de negócios – a multiplicidade de estilos de comportamento entre as pessoas dificulta trabalhar questões objetivas sobre o comportamento do consumidor. Daí a importância de ter um foco no tipo de clientela que se deseja. Mesmo assim, corre-se o risco de não poder atendê-la a todo o momento, porque seu estilo também não é uniforme.

5. Percepção é um processo mental de reconhecimento e interpretação dos estímulos recebidos, manifestada pelas atitudes. É a maneira como o indivíduo interpreta "o mundo". Atitude: predisposição adquirida para agir de modo favorável ou não.

Para o entendimento do comportamento humano, portanto, faz-se necessário o estudo entrelaçado dos diversos elementos que compõem as variáveis externas e internas que interferem nessa dinâmica.

Demandas para a indústria de serviços de alimentação

Cada vez mais as pessoas estão fazendo as refeições fora de casa. Não apenas por luxo, capricho, mas também e, principalmente, por conveniência, para suprir uma ou mais de suas necessidades sociais, de sobrevivência ou emocionais. Essa afirmativa está alicerçada em diversos argumentos como:

- maior participação das mulheres no mercado de trabalho gerando profundas mudanças na organização das estruturas familiar e social. Com isso, houve aumento da renda familiar, mudanças significativas das relações familiares e de hábito;

- redução do tempo gasto com o preparo de refeições: o fato de as mulheres permanecerem tantas horas fora de casa reduziu o tempo gasto com os afazeres culinários, a criteriosa escolha de produtos alimentícios, a participação no planejamento e na supervisão das refeições e disponibilidade para realizar todas essas atividades;

- maior número e tempo gasto com atividades pelos filhos: estes, ainda crianças, estão indo mais cedo para a escola e permanecem, muitas vezes, em tempo integral, o que os torna mais vulneráveis a outros apelos alimentares (sanduíches, refrigerantes, "salgadinhos"), que estão disponíveis nas cantinas, e no acesso a lanches trazidos por outras crianças. À medida que crescem, esse comportamento é reforçado em razão do maior número de atividades, também exercidas fora de casa (esportes, cursos de idiomas, idas ao shopping etc.);

- grande oferta de restaurantes e de várias opções de preços e serviços tornando a refeição comercial um instrumento facilitador para a integração familiar, uma vez que o tempo disponível para o encontro estaria restrito não à elaboração da refeição, mas ao convívio entre seus membros, tão importante no aspecto da comensalidade, seja ela desenvolvida no espaço comercial, seja no doméstico, com compra de refeições prontas (*delivery* e *take out*);

- mudança de foco dos serviços de alimentação institucional: o benefício "alimentação", oferecido pelas empresas aos funcionários, assume um caráter comercial, na medida em que abre mão de uma refeição balanceada e adequada à clientela, para atender à demanda de um público já familiarizado com outros tipos de serviços e com exigências que ultrapassam o conceito de alimentação saudável;

- concorrência entre os setores: as empresas começam a perceber a capacidade de auto-sustentação dos serviços institucionais e abrem, então, as portas ao público externo;

- exigências da clientela: como têm acesso a um maior número de informações, os clientes passam a exigir mais do que uma refeição equilibrada nutricionalmente. Há, então, a necessidade de adequar o cardápio ao gosto dos clientes, de reformular o *layout* do restaurante e diversificar o serviço de forma a atrair e reter o cliente. Essas tendências são observadas nas escolas, nos hospitais e até mesmo nos restaurantes comerciais;

- adoção do modelo de gestão terceirizada nos serviços institucionais, criando uma visão comercial para esse segmento. Os cardápios foram ampliados, a mão-de-obra tornou-se mais qualificada, novos padrões gastronômicos foram requeridos, tudo isso para satisfazer aos desejos e às necessidades do cliente (Spears, 2000);

- ampliação da concorrência no âmbito comercial: participação da indústria de alimentos e de outros varejistas na venda de refeições prontas (Sadia, Perdigão, padarias, postos de combustível, supermercados, ambulantes, por exemplo) (Powers, 2003).

- difusão de novas tecnologias em comunicação e de investimentos nas áreas de equipamentos, de produtos e da logística de abastecimento de alimentos, permitindo o acesso rápido e barato de uma maior quantidade e qualidade de informações, produtos e serviços, e contribuindo na aquisição de novos hábitos alimentares, tanto para fins de saúde quanto de estética;

- nível de expectativa dos clientes: bem maior, em vista do número de experiências alimentares acumuladas, o que os tornam mais exigentes em relação ao valor pago *versus* serviço recebido;

- maior comprometimento da indústria com a sociedade: a ISA, consciente do problema de saúde pública que representa a obesidade e demais patologias decorrentes, tem mobilizado seus dois segmentos (comercial e institucional) para que ofereçam opções mais saudáveis em seus cardápios, de modo que os clientes tenham a oportunidade de selecionar refeições mais adequadas ao seu estado de saúde e estilo de vida (Bernard, 1998; NRA – Smart Brief, acessado em 23/3/2004).

Diante de todas essas considerações, torna-se necessária uma mudança no modo de lidar com as questões estratégicas em restaurantes.

Hoje, não basta o rígido controle das operações, tampouco oferecer um cardápio atraente a preços convidativos. O cliente espera algo que nem ele mesmo sabe precisar, o que leva o restaurante a trabalhar sob condições de risco para sua sobrevivência. Cabe ao gestor do restaurante buscar continuamente soluções para a equação: hospitalidade = produto da relação entre a oferta de produtos e serviços (pelo restaurante) e as expectativas do cliente.

Aspectos práticos do planejamento e da gestão da hospitalidade em restaurantes

a) Planejamento da hospitalidade

Planejar é determinar com antecedência o que fazer, como fazer, quando fazer e quem deve fazer, levando-se em conta as estratégias que considerem o ambiente **externo** (concorrência, cliente, novos produtos e tendências) e o ambiente **interno** (as condições do próprio serviço), para alcançar os resultados desejados.

Passos para o planejamento da hospitalidade

- Entender, para antecipar, o comportamento motivacional dos clientes.

- Definir o padrão do serviço baseando-se nas expectativas do cliente, de modo que façam sentido para os funcionários do restaurante.

- Fazer prevalecer a perspectiva do cliente e não a do proprietário.

- Manter a rede de informações de modo que todos saibam o que fazer para atender ao cliente em suas necessidades.

- Entender e fazer os funcionários compreenderem que o cliente nem sempre compra o produto em si (refeição), mas compra, de fato, os atributos a ele agregados como: a maneira como se desenvolve sua interação com os funcionários (serviço) e a experiência proporcionada pela atmosfera e ambientação do local (Powers, 2003).

- Elaborar critérios de seleção de pessoal delineando perfis que atendam ao conceito de hospitalidade.

- Estabelecer metas de hospitalidade, primeiramente, para os clientes internos (funcionários) do serviço.

b) Gestão da hospitalidade

Hospitalidade e serviços de alimentação são dois termos que encerram o mesmo significado: ambos representam o ato de acolher e prestar serviços a alguém que esteja fora de seu lar.

Hoje, a gestão de restaurantes exige do profissional esforços contínuos para o sucesso da organização. Esses esforços estão concentrados, inicialmente, para o diagnóstico e a implantação de medidas que visem à eliminação de barreiras que possam comprometer a imagem, a qualidade e a hospitalidade do restaurante:

1ª medida: Identificar e eliminar as barreiras que impedem a satisfação do cliente.

Barreira: não ouvir o cliente.

Eliminação: trabalhar para que o cliente receba atenção diferenciada, principalmente, quando detectado descontentamento com o serviço oferecido. Estimulá-lo a se manifestar sobre o serviço recebido, ainda no restaurante, de forma que haja possibilidade de alterar sua percepção, no caso de insatisfação, antes que o cliente "contamine" outros com sua opinião. Um cliente insatisfeito "contamina" dez clientes em potencial. É o efeito "WOM" (Word of Mouth) ou propaganda "boca a boca". Implantar o Serviço de Atendimento ao Cliente (SAC) ou de Ouvidoria. Responder a suas dúvidas, reclamações e sugestões.

Barreira: serviço impessoal.

Eliminação: desenvolver novos critérios de seleção de pessoal, traçando o perfil desejável para profissionais do setor de alimentação, fundamentado no conceito de hospitalidade. Promover a capacitação do pessoal do serviço nos tópicos: relações interpessoais com os clientes, atitude em serviço, comportamento social, trabalho em equipe e nas questões relativas ao trabalho em si.

Barreira: serviços sem padrão de qualidade.

Eliminação: definir e reforçar, para os funcionários, o papel do restaurante.

Segundo Berry, Zeithaml e Parasuraman (1990), se os funcionários não estiverem certos sobre o significado da qualidade do serviço, do que é esperado de seu trabalho, e se não estiverem conscientes da importância da qualidade para a satisfação do cliente, é pouco provável que desenvolvam a excelência em serviço.

Barreira: serviço prometido e não cumprido.

Eliminação: avaliar e redefinir a capacidade do restaurante, com ênfase nos aspectos relacionados à falta de atenção aos clientes, aos pequenos detalhes e ao planejamento do serviço.

2ª medida: identificar as dimensões da hospitalidade em restaurantes.

As dimensões da hospitalidade apresentam os elementos que afetam positivamente o "prazer" do cliente. Isso ocorre quando o cliente consegue perceber que suas expectativas foram superadas, que existe algo de positivo para lembrar sobre o restaurante, quando sai satisfeito, prestigiado, privilegiado por ter ido àquele local.

A presença desses elementos pode fazer o cliente retornar ao restaurante ou reter uma avaliação positiva em sua memória. As dimensões consideradas em um primeiro estudo são:

Físicas (é a "primeira impressão"): Condições de conforto térmico, sonoro, visual e das instalações. Qualidade e quantidade do material (cardápio, copos, talheres, louças, guardanapos, mesa, cadeira) de acordo com a proposta do restaurante.

Sensoriais: qualidade e quantidade dos alimentos. Garantia das características organolépticas do alimento: temperatura, odor, consistência, harmonização das preparações e bebidas. As preparações deverão estar relacionadas com o valor simbólico da ocasião e com o perfil sociodemográfico do cliente-alvo.

Humanas: base do relacionamento entre gerente, funcionário e cliente. Cuidados especiais iniciados com os funcionários que passam a ser vistos como clientes internos. Funcionários orientados para atender às necessidades do cliente, com comportamento e atitudes adequadas e, também, autonomia para a resolução imediata dos problemas relacionados à satisfação dos clientes com o serviço.

Sensitivas: relacionada a) à atmosfera do restaurante: fazer o cliente se sentir à vontade, como se estivesse na própria casa, experimentando sensação de segurança, conforto, autonomia e de pertencer ao ambiente. Essas sensações são geradas pela atitude dos funcionários, pela decoração do ambiente, pelo tipo de serviço e pelo tipo de clientela freqüentadora do restaurante (identificação com pares); b) compensação: garantia da qualidade proporcional ou superior ao sacrifício feito pelo cliente. Sacrifício é o preço pago pela refeição, o tempo de espera para ser atendido, o esforço despendido para ir até o local.

Comerciais: diz respeito aos aspectos administrativos do restaurante: horário de funcionamento, fila de espera, execução competente do cardápio planejado, sistema de reserva de mesa, presença de profissionais qualificados e estudo de precificação dos itens do cardápio.

Conveniências: atributos adicionados ao produto (refeição) oferecido: facilidade de acesso ao serviço, boa localização, amplitude do horário de funcionamento, agilidade do atendimento, estacionamento, inovações tecnológicas e serviços adicionais (*drive-thru*, *delivery* e *take out*), facilidade para pagamento (cartão, cheque), e muitos outros.

3ª medida: Implantar ações de hospitalidade entre os clientes.

Algumas medidas, amplamente investigadas, podem ser adotadas para minimizar o *gap* existente entre o serviço oferecido e as expectativas do cliente:

- a hospitalidade em restaurantes pode ser trabalhada primeiro internamente e, sobretudo, entre os funcionários, atendendo a suas necessidades básicas e capacitando-os, por meio de treinamento e desenvolvimento, para o estabelecimento de relações harmoniosas, gentis, prazerosas, entusiásticas, doadoras e prestativas para com os clientes, fazendo-os compreender a importância de cada um no atendimento das necessidades do cliente e valorizando cada uma das atitudes assumidas pelo funcionário;

- para que isso seja possível, é importante flexibilizar as normas e estruturas organizacionais tradicionais, conferindo verdadeira autonomia para que os funcionários possam assumir a tão desejada atitude proativa. Orientar sobre questões da linguagem corporal e verbal e de ética;

- como a hospitalidade é uma relação estabelecida entre hóspede e hospedeiro, é importante que os funcionários e a chefia mantenham contato direto com os clientes. O *face to face* torna a relação mais verdadeira, conseqüentemente mais confiável, além de encorajar os clientes a fazer críticas e sugestões para a melhoria do serviço (Berry, L.; Zeithaml, V. e Parasuraman, 1990);

- a hospitalidade pode ser trabalhada, também, por meio do cardápio oferecido: mantendo a tradição culinária dos pratos, utilizando conceitos de gastronomia, atribuindo importância ao uso dos sentidos na agregação de valor às preparações, enfim, criando uma identidade para o restaurante. A superação pode ser obtida atendendo às preferências individuais quando solicitadas, independentemente do cardápio oferecido;

- diminuir as barreiras semânticas, atribuindo significado aos termos técnicos utilizados para a comunicação com o cliente (por meio do cardápio) e com os funcionários (na orientação das atividades do serviço);
- a hospitalidade pode ser trabalhada, também, com a comunidade em que está inserida, incorporando às suas ações o conceito de responsabilidade social para as questões relativas à alimentação.

Considerações finais

O texto apresenta uma visão geral da Indústria de Serviços de Alimentação, destacando os principais elementos de análise em uma administração voltada à hospitalidade.

Certamente, não existe uma fórmula mágica capaz de garantir a satisfação do cliente para com o serviço oferecido. Uma vez que as necessidades humanas manifestam-se pontualmente e que cada indivíduo tenha necessidades específicas, seria no mínimo ingênuo acreditar ser possível controlar todas as variáveis que determinam o comportamento humano, resolvendo, assim, um dos grandes problemas enfrentados pelos administradores, ou seja, atender, plenamente, às necessidades e expectativas de cada um dos clientes.

De qualquer modo, podemos levantar, por meio de pesquisas e observações, os indicadores que os clientes usam, normalmente, para avaliar o restaurante. Aliando essa informação ao conhecimento da dinâmica do comportamento humano, estaremos no caminho certo para chegar aos domínios da hospitalidade.

Quadro 3 – Hospitalidade em restaurante

Dimensões	Indicadores
Físicas	Aparência dos equipamentos, materiais, utensílios, pessoal, das instalações e do cardápio

Dimensões	Indicadores
Sensoriais	Qualidade e quantidade dos alimentos, harmonia e adequação do cardápio, características organolépticas da preparação (adequação da consistência, odor, temperatura, apresentação e sabor)
Humanas	Funcionários prestativos, competentes, seguros e educados, atentos às solicitações dos clientes
Sensitivas	Sentir-se em casa, credibilidade, confiança, avaliação do tempo permanecido no local, "sacrifício" com qualidade. Lembranças e experiências vividas anteriormente
Comerciais	Sem fila de espera, competência na elaboração do cardápio, preço da refeição
Convivência	Estacionamento, manobristas, serviços adicionais *(delivery* e *take out)*, horário de funcionamento, facilidade de pagamento, reserva de mesa, acesso eletrônico

Proposta de atividade

1. Propor ao aluno que classifique alguns restaurantes de seu conhecimento com base nos critérios apontados no texto (páginas 149 e 150).

2. Discutir os papéis dos restaurantes Comercial e Institucional dentro da realidade socioeconômica brasileira.

3. Quais são os motivos que levam o aluno a escolher um restaurante? O aluno deve comparar e relacionar seus motivos com os dos colegas.

4. A partir dos indicadores de hospitalidade e dos motivos levantados na questão anterior, o aluno deve desenvolver um *check list* para restaurantes.

5. Aplicar o *check list*, desenvolvido pelo aluno, em dois diferentes tipos de restaurante. Fazer uma análise comparativa dos resultados encontrados.

Referências bibliográficas

BERNARD, 1998. NRA – Smart Brief, acessado em: 23 mar. 2004.

BERRY, Leonard L.; ZEITHAML, Valarie A.; PARASURAMAN, A. Five imperatives for improving service quality. *Sloan management review*, v. 31, n. 4, p. 29-38, 1990.

BOWEN, John; FORD, Robert C. *Journal of Management*, v. 28, n. 3, p. 447-449, 2002.

BUTTLE, Francis. *Hotel and food service marketing*: a managerial approach. Londres: Cassell Educational Ltd: Artillery House, 1986.

CAMARGO, Luiz Octavio de L. Turismo, hotelaria e hospitalidade. In: DIAS, Célia M. de M. (Org.). *Hospitalidade*: reflexões e perspectivas. Barueri: Manole, 2002, p. 1- 24.

DAVIS, Bernard; LOCKWOOD, Andrew; STONE, Sally. *Food and beverage management*. 3 ed. Oxford: Butterworth-Heinemann, 1998.

FINKELSTEIN, Joanne. Chic cuisine: the impact of fashion on food. In: *Culinary taste*: consumer behaviour in the international restaurant sector. Sloan, David. Reino Unido: Elsevier Butterworth-Hanemann, 2004, p. 59-76.

MASLOW, Abraham H. A theory of human motivation. In: STEERS, R. e PORTER, L.W. *Motivation and work behavior*. Nova York: McGraw Hill Book Company, 1975.

POWERS, Tom. BARROWS, Clayton. *Introduction to management in the hospitality industry*. 7 ed. Nova York: John Wiley & Sons, 2003.

REID, Robert D.; BOJANIC, David C. *Hospitality marketing management*. 3 ed. Nova York: John Wiley & Sons, Inc., 2001.

SPANG, Rebecca L. *A invenção do restaurante*. Rio de Janeiro: Record, 2003.

SPEARS, Marian C. *Foodservice organizations*: a managerial and systems approach. 4 ed. Estados Unidos: Prentice-Hall, Inc., 2000.

Indicadores ambientais de hospitalidade em lugares turísticos: uma reflexão para o planejamento

Davis Gruber Sansolo

Hospitalidade, espaço e lugar

Considerando que a hospitalidade pode ser abordada de diversos pontos de vista do conhecimento acadêmico, um dos desafios que cabe aos geógrafos é revelar a relação entre o espaço e a hospitalidade. A proposta aqui é discutir e apresentar as possíveis relações historicamente construídas na relação sociedade-natureza e como isso influencia o significado de hospitalidade. Essa é uma linha de investigação que muito pode contribuir com o debate sobre o planejamento dos lugares, sobretudo os lugares organizados, produzidos para receber pessoas no mundo contemporâneo, isto é, o lugar turístico.

Relacionar o conceito de hospitalidade e meio ambiente passa antes pela discussão sobre o papel da natureza na hospitalidade espacial, ou seja, se o espaço pode ser considerado uma dimensão relacionada ao conceito de hospitalidade. Na linha de estudos do Mestrado em Hospitalidade, são referências os estudos de Marcel Mouss, Anne Gotman e Lashley e Morrison. Para Gotman, existiria uma forma de hospitalidade considerada inerte, no qual o que recebe estaria em uma posição de neutralidade diante da impossibilidade de agir por conta própria. Esse seria o caso dos lugares por seus aspectos naturais, seu meio físico e biológico, com uma conotação de hospitalidade dos espaços. Em oposição a essa idéia, temos Rafestin (1997), para quem a hospitalidade possui uma dimensão espacial fundamental e ideologicamente comprometida. As fronteiras seriam demarcadas como espaços limítrofes entre quem recebe e quem é recebido; assim, para ser tratado de forma hospitaleira, o hóspede precisa conhecer antecipadamente os códigos do anfitrião, o qual tem na fronteira o limite de uso desses códigos.

Entendemos que a hospitalidade poderia ser considerada em uma perspectiva espacial, mas sobretudo como uma experiência perceptível, empírica do indivíduo, em uma dimensão fenomenológica, uma relação entre o indivíduo e o lugar. A explicação dessa percepção não se reduziria à escala local, uma vez que se explicaria nas relações entre as diversas escalas geográficas, do global ao local, perpassando escalas intermediárias como nacionais e regionais.

Segundo Carlos (1996), lugar é uma escala espacial passível da percepção de sentir, conhecer intimamente, do sentido de pertencer. Assim, o *lugar* seria uma escala pertinente para se investigar *a hospitalidade espacial*.

a) Natureza e hospitalidade

Ao longo da história do pensamento geográfico, o estudo das relações entre o homem e a natureza e entre a sociedade e a natureza teve grande destaque. Para um dos expoentes do determinismo ambiental, Friedrich Ratzel (apud Moraes, 1990), a natureza é a fonte determinante do desenvolvimento humano. Seriam as características do meio físico e biológico que determinariam a evolução de um povo, de um país. Sem pretender percorrer a história do pensamento geográfico, mesmo porque muitos já o fizeram, saltamos do determinismo e chegamos a Max Sorre (1984), que elaborou uma teoria colocando na relação entre homem e natureza a base para a explicação da ocupação dos espaços no planeta. Trata-se do *ecúmeno*, isto é, o limite da terra ocupado pelo ser humano, tendo como base as características do meio natural.

Para Sorre, o meio natural exerceria influências que dariam o caráter de inóspitos ou anecúmenos, ou o oposto, isto é, o ecúmeno. Entre os fatores de maior peso, estariam as características climáticas, do solo e do relevo de um lugar. O autor apresenta diversos estudos que tentaram estabelecer relações entre as características inóspitas relativas à atmosfera como nas grandes altitudes (Sorre, 1948; 1984).

Na segunda metade do século XX, sob a perspectiva da geografia crítica, a natureza ganha outro enfoque, passando a ter o significado de recurso e não mais de suporte ou palco da sociedade. A natureza passa a ser vista como recurso, sobretudo econômico, e assim é apropriada socialmente, portanto, no modo de produção capitalista, de forma desigual e combinada. Nessa perspectiva, a natureza perde o *status* de condicionante para ser uma expressão da organização social. Segundo Santos (1996), não haveria mais uma natureza desumanizada, a chamada primeira natureza, mas somente a segunda natureza apropriada diretamente ou indiretamente pela humanidade.

Diante desses argumentos, de que forma a natureza faria parte da hospitalidade contemporânea nos lugares, uma vez que o que confere significado à natureza é a sociedade?

b) A hospitalidade dos lugares

Entendendo que a hospitalidade espacial é decorrente das relações sociais, temos como conseqüência que a degradação da natureza seria a evidência da inospitabilidade que essas relações expressariam, isto é, da quebra de um vínculo solidário. O oposto poderia ser o que Prigogine e Stengers (1987) indicam como Nova Aliança, ou o exemplo que diversas comunidades indígenas brasileiras apresentam em sua organização produtiva, ou que Sachs propõe como a Sociedade da Biomassa.

Assim, os lugares seriam mais ou menos hospitaleiros, como expressões das relações sociais, segundo as relações sociais estabelecidas. Conforme Foladori (2001), a natureza como expressão das relações sociais configura-se não como externalidade, mas como componente do sistema produtivo. Assim, a poluição das águas, do ar, do solo deixa de ser algo externo e passa a expressar o modelo produtivo que delega ao poder público a responsabilidade pelo saneamento. Nessa análise, expressões de inospitabilidade como degradação da natureza, pobreza e violência não constituem partes separadas, externas ao sistema produtivo e à organização social, mas dialeticamente componentes, sendo resultado, quando vistas como indicador, e como produto, quando a sociedade se assenta sobre essas condições.

A degradação ambiental nos lugares turísticos indicaria que o turismo foi desenvolvido visando tão-somente à acumulação de capital. Nessa perspectiva, os impactos sobre a sociedade local e sobre a natureza seriam externalidades que deveriam ser gerenciadas pelo poder público (por obrigação), instância eleita pelo mercado para gerenciar o que seria público, no caso, a poluição e os conflitos socioculturais.

Temos como exemplo desse enfoque a região litorânea do Estado de São Paulo. É possível constatar a inospitalidade dessa região turística por meio da análise de indicadores que representam a relação entre o turismo e a natureza, como a concentração privada da terra e a socialização dos rejeitos industriais e domésticos. O resultado, nesse caso, pode ser observado na qualidade da água da rede de drenagem das cidades, na disposição dos resíduos sólidos, nas favelas.

Observando a questão da qualidade da balneabilidade no Litoral Norte de São Paulo (Figura 1) e a evolução da qualidade das praias (Figura 2), vemos que o desenvolvimento do turismo que promoveu a urbanização da região, por meio de empreendimentos imobiliários voltados para a construção de segundas residências (Luchiari, 1998; 2000; Tulik, 2001), não incluiu em sua agenda produtiva o saneamento do esgoto doméstico, simplesmente transferiu a responsabilidade ao poder público. Isso ocorreu mesmo com diversas ações para a conservação ambiental relativas ao turismo na região, implantadas desde a década de 1970 pelo poder público.

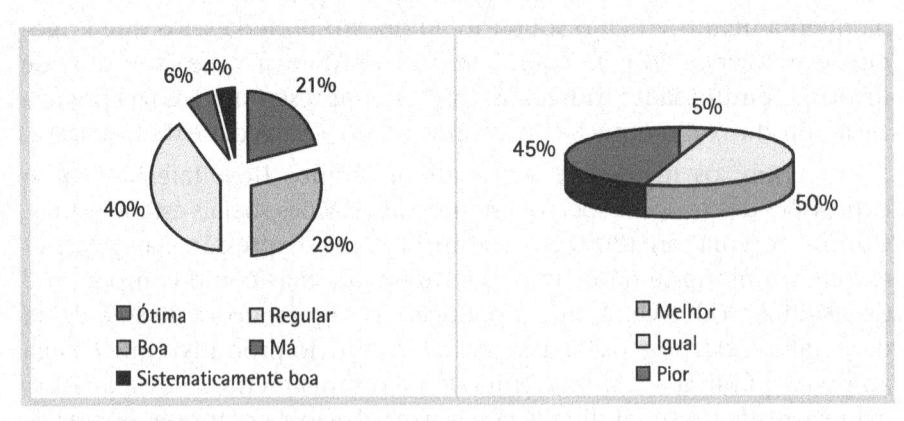

Figura 1 – Qualidade da água nas praias do Litoral Norte de São Paulo em 2003
Fonte: Cetesb, reorganizado por Sansolo (2004).

Figura 2 – Evolução da qualidade da água nas praias do Litoral Norte entre 2002 e 2003
Fonte: Cetesb, reorganizado por Sansolo (2004).

Pode-se observar que a evolução não é promissora, a despeito do crescimento dos lançamentos imobiliários na região.[1] No litoral paulista como um todo, nota-se que a situação não é muito diferente do exposto na Figura 3.

Litoral Paulista

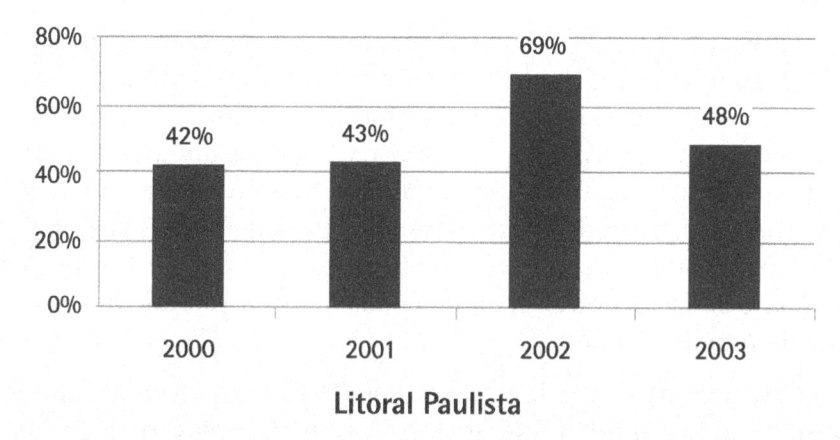

- 2000: 42%
- 2001: 43%
- 2002: 69%
- 2003: 48%

Figura 3 – Porcentagem de praias próprias em 100% do tempo
Fonte: Cetesb.

Embora o volume da atividade turística mundial venha crescendo nos últimos dez anos, assim como outras atividades econômicas, a geração de novos produtos e novas demandas é condição para a expansão e acumulação progressiva do capital.

Turismo e Patrimônio Natural: novos valores, novos produtos

Embora seja uma atividade tipicamente urbana, o turismo (Cruz, 2002) não exclui outras áreas como a rural e naturais. A natureza é compreendida pelo setor turístico como externalidade positiva. A

---

[1] Cf. http://www.imovelweb.com.br/iw_editorial.asp?Canal=6&SubCanal=52, que indica o aumento dos investimentos e oportunidades para o setor imobiliário em áreas ainda conservadas no Litoral Norte de São Paulo, em 2004.

natureza não é o produto turístico, uma vez que os produtos são os serviços prestados, ou o conjunto deles como o transporte, a hospedagem, a alimentação, a recreação, a guiagem, entre outros. Assim, uma praia não pode ser vendida; o que se vende é o acesso a ela. Se ela estiver limpa, será uma externalidade positiva que agregará valor ao produto turístico.

Gonçalves (2001) apresenta a tese de que o conceito de natureza não é natural, mas um produto da cultura humana e, portanto, resultante de um contexto, um processo histórico e cultural. O turismo confirma essa tese. Até o final do século XIX, as praias eram meros lugares para se pescar, chegar e sair; quando muito, eram usadas para talassoterapia. Hoje as praias se tornaram um dos principais atrativos turísticos, constituindo espaços de lazer valorizados, sem falar no valor imobiliário agregado; ou seja, não é a praia que tem valor de troca, mas o imóvel próximo a ela.

Ao longo do século XIX, o movimento romântico inglês expressou seus valores por meio da organização de seus parques e jardins, valorizando uma natureza idealizada, na qual o exótico combinava com o comum (Jellicoe, 1995). No mundo contemporâneo, a natureza ganhou um valor relativo à sobrevivência da vida no planeta. As bombas de Hiroshima e Nagasaki revelaram ao mundo a capacidade da autodestruição dos seres humanos e a possibilidade da extinção de toda a vida no planeta. O movimento da contracultura provocou os debates sobre a crise ambiental planetária, centrados inicialmente no perigo de extinção de algumas espécies e biomas.

No turismo, o mercado seleciona territórios, paisagens e lugares cujo valor da natureza tem sido repercutido pela mídia. O Estado planeja e ordena como essas porções espaciais devem ser ocupadas e mercantilizadas, definindo políticas de ocupação, desenvolvimento e implementação de infra-estrutura, concessão de financiamentos, além de assumir o papel de divulgador dos lugares. Assim, é freqüente que seus habitantes sejam excluídos e desconsiderados no processo de turistificação.

Natureza e sociedade: indicadores de hospitalidade no lugar turístico

O processo de urbanização turística (Luchiari, 2000; Knafou, 1996) traz consigo diversos impactos socioambientais como externalidades dos diversos setores que compõem a atividade turística: a hospedagem, os serviços de alimentação, transporte, recreação e os setores associados, como o setor imobiliário, entre outros.

Um instrumento que possibilitaria um monitoramento do processo de desenvolvimento, de forma a divulgar informações aos diversos atores sociais envolvidos, seria a disseminação de informações sobre os impactos ambientais por meio de indicadores. Com isso, seriam possíveis o debate e a discussão política para orientar o modelo de desenvolvimento turístico desejável ao universo complexo de atores sociais do lugar turístico. Tais indicadores poderiam ser uma ferramenta do planejamento participativo.

A discussão sobre indicadores foi pouco debatida até recentemente, no que tange à crítica do modelo de desenvolvimento global promovido desde o período mercantilista, a partir do século XV, em relação aos aspectos ambientais.

Selene Herculano (1998) discute com grande propriedade o significado de indicadores, quando enfrenta o conceito de qualidade de vida diante de indicadores oficiais, fazendo uma leitura crítica dos indicadores tradicionais que procuram apresentar o nível de desenvolvimento de um país ou região por meio do Produto Interno Bruto (PIB) ou da renda. Para a autora, esses indicadores são úteis para a parcela da sociedade que detém o poder, mas não para os excluídos, para quem o conceito de qualidade de vida é mais relevante. A definição objetiva de indicadores de qualidade de vida é um tema que vem provocando diversos tipos de posicionamento, dos céticos argumentando que a qualidade de vida possui um grau tão grande de subjetividade que seria impossível uma mensuração, até àqueles que propõem uma abordagem qualitativa de elementos que poderiam ser usados para balizar uma análise da qualidade de vida. Para a autora, esses indicadores seriam os que demonstram aspectos da vida cotidiana das pessoas dos lugares, ou seja, indicadores que representem informações com significados compreensíveis e relativos à vida das pessoas no dia-a-dia e que possam encorajar a população local a se envolver no processo de desenvolvimento de seu lugar. Para tanto, indica um conjunto de indicadores social e ambiental que comporia o índice de qualidade de vida.

Também na hospitalidade urbana, Grinover (2003) apresenta uma proposta sobre indicadores que acompanhariam o desenvolvimento sustentável nas cidades e se propõe a utilizar indicadores de qualidade de vida como base para um monitoramento da hospitalidade urbana.

O Instituto Brasileiro de Geografia e Estatística (IBGE) dispõe na Internet (www.ibge.gov.br) de uma publicação sobre indicadores de desenvolvimento sustentável que vêm sendo aplicados no território brasileiro.

Um dos problemas que começam a tornar-se significativos no Brasil é o impacto causado pelo turismo no patrimônio natural. Durante os anos de 1990, houve um processo de promoção do patrimônio natural brasileiro, sobretudo, por parte da Embratur. Por um lado, essa foi uma estratégia positiva, pois promovia a mudança de imagem do Brasil como destino para o turismo sexual e valorizava os espaços naturais para uso turístico como os parques nacionais e estaduais; entretanto, não veio acompanhada de ações que pudessem prevenir os possíveis impactos do consumo dos espaços naturais pela atividade turística.

O ecoturismo tem sido um dos segmentos que mais crescem no Brasil, sendo uma das atividades viáveis para a conservação de espaços naturais privados como a Reserva Particular do Patrimônio Natural (RPPN) e os parques nacionais e estaduais. Seria oportuno, portanto, avaliar o que vem ocorrendo nas áreas naturais que paulatinamente estão se transformando em atrativos turísticos. Como a biodiversidade é um dos aspectos de maior valor em nosso patrimônio natural, é importante monitorar os impactos que o turismo vem causando sobre ela, em especial nas áreas protegidas.

Souza Dias (1996) apresenta os principais fatores de intervenção humana que afetam a biodiversidade. Ele procurou selecionar os fatores que estariam ligados ao turismo para futuras pesquisas:

a) Perda e fragmentação do hábitat

A criação de infra-estrutura em áreas naturais, como estradas, aeroportos, rodoviárias, habitações de segundas residências, hotéis, *resorts* ou pousadas, causa impactos sobre o hábitat. Em alguns casos, como os de construção de grandes estradas, grandes complexos hoteleiros ou condomínios de segunda residência, o impacto é imediato com a perda e fragmentação do hábitat. Quando o processo é mais lento, os impactos serão perceptíveis em uma comparação histórica sobre as mudanças no território.

O monitoramento deveria ser feito sobre os seguintes indicativos:

- Desmatamento
- Fragmentação de hábitat
- Incêndios/queimadas

- Represamento de cursos d'água
- Erosão e assoreamento
- Urbanização e vias de transporte

b) Exploração excessiva de plantas e animais

O uso de espécies vegetais na construção civil é muito comum na atividade turística. A retirada de madeira de lei e outros tipos de madeira, freqüente no Brasil, exerce pressão sobre áreas de florestas tropicais, como a Mata Atlântica e a Floresta Amazônica. Também nas áreas montanhosas, é comum o uso de lenha para lareiras, fornos e churrasqueiras em domicílios, hotéis e pousadas.

A caça, embora proibida, é realizada em áreas protegidas, com finalidade comercial ou recreativa. Em alguns casos, como no Parque Estadual da Serra do Mar, há monitoramento com apoio de geotecnologia para registro de ocorrências, para melhor fiscalização.

A pesca esportiva é outro assunto importante. A costa brasileira e as águas interiores são muito ricas em biodiversidade, e a pesca esportiva vem sendo praticada no Pantanal Mato-grossense e recentemente na Amazônia, sobretudo por estrangeiros. O próprio Instituto Brasileiro do Meio Ambiente e dos Recursos Naturais Renováveis (Ibama) tem um programa de incentivo à pesca esportiva.

Entretanto, ainda não existem informações científicas sobre os impactos diretos que essa atividade causa na dinâmica dos ecossistemas e em especial na icteofauna. É comum em revistas e programas de TV a divulgação de que a pesca esportiva estaria em harmonia com a conservação da natureza. No entanto, caberia aos pesquisadores responder de fato qual o impacto que essa atividade causa à saúde dos peixes e quanto isso interfere no ecossistema hídrico. Os danos causados e seus impactos são informações necessárias para uma regulamentação dessa atividade.

Neste caso seriam monitorados:

- Extrativismo vegetal
- Lenha e carvão
- Corte seletivo de madeira

- Caça
- Pesca interior
- Pesca marinha

c) Contaminação do solo, água e atmosfera

Esses fatores derivam da inadequação da coleta, do tratamento e destinação final de resíduos sólidos e esgoto gerados pela atividade turística. Poderiam ser feitas pesquisas para avaliar o investimento necessário à solução desses impactos diretos na dinâmica dos ecossistemas.

Para tanto, seriam monitorados os índices de:

- Resíduos sólidos
- Resíduos tóxicos na água

- Eutrofisação da água

Hospitalidade, comunidades e conservação ambiental

Será que a conservação da natureza e o turismo proporcionam melhores condições de vida às populações residentes próximas a esses locais de grande valor natural? Em que medida elas se beneficiam? Qual a parcela de população que se vincula à atividade turística e qual é excluída?

Souza Dias (1996) indica que existem, além de fatores *próximos*, os fatores *últimos*, dos quais selecionamos os mais próximos da atividade turística:

1. Crescimento acelerado das populações humanas levando ao aumento do desmatamento e ao comércio de espécies ameaçadas de extinção.

    Esse é um fenômeno muito comum em áreas que se destacam para a atividade turística. Freqüentemente, o aumento da população é percebido pelos índices populacionais do IBGE, e fica evidente a importância do turismo no aumento populacional, em especial nas áreas urbanas. Faltam pesquisas sobre o quanto esse aumento populacional acarreta impactos diretos sobre as espécies ameaçadas de extinção.

2. Distribuição desigual da propriedade, de geração e fluxos dos benefícios advindos da utilização e conservação dos recursos biológicos, aumentando a pobreza e a fome.

    Um dos debates mais recentes sobre Parques Nacionais refere-se à terceirização da gestão dessas unidades de conservação. Será que a terceirização proporcionaria melhor qualidade de vida às populações locais? Será que o manejo da biodiversidade é um caminho alternativo, capaz de gerar impactos positivos sobre as populações mais pobres? O ecoturismo em áreas protegidas é benéfico às populações locais? Em que medida?

Hospitalidade, participação e conservação ambiental

Embora já se tenha publicado diversos trabalhos sobre o planejamento ambiental participativo (Sansolo, 2002), o uso de indicadores como ferramenta para a participação não tem sido freqüente nas reflexões apresentadas, sobretudo quando relacionadas a lugares turísticos.

Mendonça (2004) faz uma pesquisa sobre o nível de participação comunitária na gestão do turismo da Prainha do Canto Verde, no Ceará, e evidencia um alto grau de participação motivada, a princípio, pela questão fundiária. No entanto, a autora relata que é exatamente pelo grau de participação comunitária na gestão do turismo que os visitantes conseguem perceber a hospitalidade ao conhecerem o lugar.

Concordamos com Grinover (2003) quando sugere que alguns indicadores poderiam ser base para uma avaliação da hospitalidade, entre eles a participação popular no planejamento e na gestão ambiental, pois estaria aí uma condição para que o ambiente se apresentasse aos que chegam na forma desejada aos que cuidam dele, ou seja, um elemento de hospitalidade.

Em 1997 (Sansolo, 2002), criamos na comunidade de moradores do bairro do Cambury, localizado no Núcleo Picinguaba do Parque Estadual da Serra do Mar, em Ubatuba, um conjunto de itens que seriam de fundamental importância para demonstrar as condições de vida dessa população residente, em uma realidade na qual se encontram o turismo e uma política de conservação ambiental. Assim, após um amplo processo de discussão com diversas lideranças locais, levantamos com a população local os seguintes indicadores:

- Participação em organizações comunitárias

- Tipos de organizações comunitárias

- Acesso a meios de comunicação

- O que gosta no lugar

- Por que gosta do lugar

- Maiores preocupações com o lugar

- Causa dessas preocupações

- Importância de equipamentos públicos (postos de saúde)

- Importância de equipamentos públicos (rádio transmissor – Tamar)

- Importância de equipamentos públicos (rede de esgoto)

- Importância de equipamentos públicos (rede elétrica)

- Importância de equipamentos públicos (telefone público)

- Atividades realizadas no tempo livre

- Importância de equipamentos públicos (banheiros)

- Importância de equipamentos públicos (centros comunitários)

- Importância de equipamentos públicos (creches)

- Importância de equipamentos públicos (escolas)

- Importância de equipamentos públicos (transporte coletivo)

- Importância de equipamentos públicos (asfaltamento)

- Importância de atividades, equipamentos e melhorias na comunidade (camping comunitário)

A lista revela que os indicadores criados com a comunidade local têm importante significado para a mobilização comunitária, visando à melhoria das condições de vida local. Tais indicadores demonstraram os problemas existentes, a despeito da presença do poder público e da atividade turística, fornecendo à comunidade uma base de informações para a busca de soluções, permitindo sua participação no jogo político com um maior empoderamento.

Considerações finais

Ao trilharmos o caminho da busca pela conceituação sobre a hospitalidade, procuramos evidenciar que se trata, antes de tudo, de um valor humano, construído socialmente e codificado culturalmente.

A tecnologia e a ciência contemporânea proporcionam ao ser humano uma relativização dos limites da natureza, permitindo atribuir-lhe significado hospitaleiro ou de inospitalidade. A degradação dos processos naturais seria, então, uma representação do sistema produtivo, uma representação da externalização da natureza do processo de produção direcionando ao que seria público o resíduo da produção.

Assim, não haveria sentido em atribuir aos lugares o valor da hospitalidade, a não ser como expressões cultural e social que imprimiriam um significado à matéria. As formas, funções e estruturas espaciais expressam o significado de hospitalidade espacial, porém não são hospitaleiras, mas a sociedade que as produz. A natureza degradada, portanto, seria uma expressão da inospitalidade social.

Um dos caminhos para buscar a hospitalidade nos lugares poderia ser a gestão de conflitos. O planejamento do desenvolvimento dos lugares poderia, então, ser feito pelo compartilhamento de poder, sobretudo com o empoderamento daqueles que freqüentemente são excluídos da arena política.

Proposta de atividade

Para uma proposta de planejamento participativo do lugar turístico, algumas informações estratégicas poderiam ser produzidas para fornecer, aos diversos atores sociais, os subsídios para tomadas de decisão. Dessa forma, seria possível a uma proposta de gestão compartilhada dos recursos naturais e culturais da localidade. Considerando um lugar, de preferência um município, cujas características naturais e culturais seriam de relevante importância para o desenvolvimento do turismo, o aluno deve trabalhar as etapas a seguir, de modo a gerar informações e identificar os atores sociais que participariam de um possível processo de gestão compartilhada dos recursos:

1. Conseguir ou produzir um mapa do município que represente as características da natureza original (antes da presença humana) e fazer uma divisão dos elementos da paisagem natural.

2. Procurar elaborar um mapa com o uso do solo atual.

3. Sobrepor o mapa da natureza sobre o mapa natural e identificar suas transformações pela atividade humana (se não for possível, obter o mapa da natureza original; o aluno deve inferir onde estaria a natureza original, o que chamamos de mapa do potencial ecológico).

4. Informar-se sobre o processo histórico de ocupação desse território, identificando os atores sociais envolvidos e os contextos históricos nacional e internacional desse processo.

5. Identificar alguns dados sobre a qualidade da água para a balneabilidade,[2] abastecimento de água potável, destinação e tratamento de esgotos, coleta e destinação de resíduos sólidos (cf. IBGE).

Esses dados seriam suficientes para a análise inicial de indicadores de estado do meio ambiente local, indicando preliminarmente as condições de vida local.

6. A seguir, averiguar a existência e a proporção das unidades de conservação existentes em relação ao total do território do município, para verificar a proteção dos ecossistemas remanescentes; e conhecer a estrutura da população local, por meio de informações sobre número de habitantes, proporção de jovens e adultos, escolaridade etc. (IBGE).

Para mapear as lideranças locais, o posicionamento sobre o turismo e o modelo a ser adotado, sugerimos a tabela a seguir:

Liderança	Posição sobre questão 1	Posição sobre questão 2	Posição sobre questão 3	Total sobre o problema
Presidente da Associação de Moradores				
Líder da Associação de Pescadores				
Vereador				
Prefeito				
Secretário de Turismo				
Secretário do Meio Ambiente				
Líder empresarial do setor imobiliário				
Líder empresarial do setor hoteleiro				
Líder sindical				
Professor da escola local				

---

[2] No caso do Estado de São Paulo, é possível obter essas informações na Cetesb, que monitora a qualidade dos corpos d'água continentais (rios, lagos, represas e praias).

Os dados podem ser obtidos por entrevistas com as lideranças, respondendo a questões sobre desenvolvimento do turismo, e atribuindo-se valor positivo ou negativo, de 0 a 5 e de 0 a -5, conforme o posicionamento.

A tabela final, reunindo os vários posicionamentos, indicaria o cenário da situação, com a verdade de cada ator social sobre determinado assunto. Por exemplo, a discussão sobre a supressão ou não de determinado ecossistema, em favor da construção de um hotel que poderia beneficiar tantos trabalhadores; ou sobre a delimitação máxima de uma área a ser construída, para privilegiar um recurso natural ou um ecossistema de relevante importância etc.

Com esse cenário, pode-se então traçar uma estratégia de ação visando à gestão compartilhada.

Referências bibliográficas

CARLOS, Ana Fani. O lugar na era das redes. In: *O lugar no/do mundo*. São Paulo: Hucitec, 1996, p. 27-38.

CETESB. Companhia de Tecnologia de Saneamento Ambiental. http://www.cetesb.sp.gov.br/agua/municipios/04/bertioga4.asp.

CRUZ, Rita Aiza. *Introdução à geografia do turismo*. São Paulo: Roca, 2002.

FOLADORI, Guillermo. *Limites do desenvolvimento sustentável*. Campinas: Unicamp/São Paulo: Imprensa Oficial, 2001.

GONÇALVES, Carlos W. P. *Os (des)caminhos do meio ambiente*. São Paulo: Contexto, 2001.

GOTMAN, Anne. La question de l´hospitalité aujourd´hui. In: *Communications*, 65. L´hospitalité. Paris: Seuil, 1997.

GRINOVER, Lucio. Hospitalidade e qualidade de vida: instrumentos de ação. In: DENKER, F. M. de & BUENO, M. S. (Org.) *Hospitalidade: cenários e oportunidades*. São Paulo: Pioneira Thomson, 2003, p. 49-60.

HERCULANO, Selene C. A qualidade de vida e seus indicadores. In: *Ambiente e sociedade*. Campinas: Nepam: Unicamp, ano 1, n. 2, 1998, p. 77-100.

HUERTAS, Franco. *Entrevista com Carlos Matus:* o método PES. São Paulo, Fundap, 1996.

JELLICOE, Geoffrey; JELLICOE, Susan. *The landscape of man shaping the environment from prehistory to the present day*. Londres: N/L Thames & Hudson, 1995.

KNAFOU, Remi. Turismo e território; por um enfoque científico do turismo. In: RODRIGUES, Adyr (Org.). *Turismo e geografia*. São Paulo: Hucitec, 1996, p. 62-74.

LUCHIARI, M. Tereza D. P. Turismo e cultura caiçara no litoral norte paulista. In: RODRIGUES, Adyr Balasteri (Org.). *Turismo, modernidade, globalização*. São Paulo: Hucitec, 2000.

_____. Urbanização turística: um novo nexo entre o lugar e o mundo. In: LIMA, Luiz Cruz (Org.). *Da cidade ao campo:* a diversidade do saber. Fazer turístico. Fortaleza: Funece, 1998 p. 15-29.

MENDONÇA, Tereza C. M. *Turismo e participação comunitária:* Prainha do Canto Verde, a Canoa que não quebrou e a Fonte que não secou. Rio de Janeiro: Estudos Interdisciplinares de Comunidades, 2004. Dissertação (mestrado em Ecologia Social) – Universidade Federal do Rio de Janeiro.

MENDOZA, J. G. et alii. *El pensamiento geográfico:* estudio interpretativo y antologia de textos (De Humboldt a las tendências radicales). Madri: Alianza Editorial, 1982.

MORAES, A. C. Robert (Org.). *Ratzel*. São Paulo: Ática, 1990 (Coleção Grandes Cientistas Sociais).

PRIGOGINE, Ilya; STENGERS, Isabelle. *A nova aliança*. Lisboa: Gradiva, 1987.

RAFESTIN, Claude. Réinventer la hospitalité. In: *Communications*, 65. Paris: Ed. Su Sevil, 1997.

SANSOLO, Davis Gruber. *Planejamento ambiental e as mudanças na paisagem no núcleo Picinguaba do Parque Estadual da Serra do Mar, Ubatuba*. São Paulo, 2002. Tese (Doutorado em Geografia) – Faculdade de Filosofia, Letras e Ciências Sociais da Universidade de São Paulo.

SANTOS, Milton. *A natureza do espaço*. São Paulo. Edusp, 1996.

Sorre, Max. *Les fondements de la geographie humaine*. 3 v. Paris: A. Colin, 1948.

_____. Geografia. Megale, Januario Francisco. *Max Sorre*. São Paulo: Ática, 1984 (Coleção Grandes Cientistas Sociais, n. 46).

Souza Dias, B. F. S. *Assessment, monitoring as indicators for biological diversity*: methods from a perspective of tropical ecosystems. Brasília: Ministério do Meio Ambiente, dos Recursos Hídricos e da Amazônia Legal, 1996.

Tulik, Olga. *Turismo e meios de hospedagem*. São Paulo: Roca, 2001.

Considerações finais: hospitalidade e mercado

Ada de Freitas Maneti Dencker

O enigma do dom

Godelier,[1] em sua obra *O enigma do dom*, após realizar uma profunda análise dos textos de Mauss e Lévi-Strauss, conclui que:

> Não pode haver uma sociedade sem dois domínios: o da troca, do dom ao *potlatch*, do sacrifício à venda, à compra, ao mercado; e aquele em que os indivíduos e grupos conservam preciosamente para eles mesmos, e depois transmitem a seus descendentes ou àqueles que compartilham a mesma fé, coisas, relatos, nomes, formas de pensamento.

Assim, todas as sociedades têm coisas que se devem dar e outras que se devem guardar. O que se guarda são "realidades" que arrastam os indivíduos e os grupos e os remetem à sua origem.

Considerando o período de 1989 até o presente, Godelier argumenta que o mundo foi obrigado a render-se à evidência de que só havia futuro na generalização, para todas as sociedades humanas, do

---

[1] GODELIER, M. *O enigma do dom*. Rio de Janeiro: Civilização Brasileira, 2001, p. 303.

casamento da democracia com o capitalismo. Nessa sociedade em que tudo se vende e tudo se troca, "ter dinheiro tornou-se a condição necessária para existir física e socialmente" (p. 309). Paradoxalmente, o dinheiro apresenta-se na sociedade "como se fosse mortal para os sentimentos, matasse a afeição" (p. 314); contudo, ele não seria o responsável pelos interesses conflitantes, mas apenas a aparência desses interesses, que são recalcados para manter a fachada de uma comunidade solidária.

a) O dom caritativo

Para Godelier, na sociedade atual, temos o ressurgimento do apelo ao dom "sem interesse", de caráter caritativo, o qual estaria em vias de institucionalizar-se, desta vez, com a missão de resolver os problemas de uma sociedade que vive e prospera ao preço de um permanente déficit de solidariedade. Essa falta de solidariedade deve-se ao fato de vivermos em uma sociedade que, ao mesmo tempo, libera, como nunca anteriormente, todas as forças contidas no indivíduo, porém se serve dele, levando-o a se dessolidarizar dos outros. Com isso, o dom passa a ser idealizado na sociedade atual, no qual funciona no imaginário como último refúgio da generosidade na partilha. O dom torna-se, assim, portador de utopia, "um sonho", que Godelier afirma que havia em Mauss.

As relações de mercado

As sociedades em que predominam as relações de mercado imaginam novas solidariedades se negociadas sob a forma de contrato. Nem tudo, entretanto, é negociável no que se refere ao estabelecimento de laços entre os indivíduos, que compõem suas relações públicas e privadas, sociais e íntimas.

    O ser humano é um ser social, pois os indivíduos precisam uns dos outros para sobreviver, o que implica uma abertura para o acolhimento. O isolamento dos indivíduos tende a gerar desequilíbrio. Na vida moderna, aumenta-se a necessidade de acolhimento, de ser bem recebido, de hospitalidade, mesmo que de forma comercial, com equipamentos dos quais se espera que essas necessidades sejam atendidas.

a) Hospitalidade X relações de mercado

A hospitalidade manifesta-se nas relações que envolvem as ações de convidar, receber e retribuir visitas ou presentes entre os indivíduos que constituem uma sociedade, bem como formas de visitar, receber e conviver com indivíduos que pertencem a outras sociedades e culturas; desse modo, pode ser considerada com a dinâmica do dom. Todas as sociedades têm normas que regulam essas relações de troca entre as pessoas, o que parece demonstrar que, de alguma maneira, elas atendem a uma ou mais necessidades humanas básicas.

A predominância das relações de mercado na sociedade atual, entretanto, faz existir uma tendência em considerar que as trocas efetuadas decorrem de escolhas racionais e que as dívidas contraídas nas relações de mercado são quitadas de imediato, não restando obrigações a ser cumpridas por nenhuma das partes envolvidas, o que não aconteceria na dinâmica do dom, na qual a dívida não se extingue.

Nessa perspectiva, nas relações de hospitalidade comercial, receber deixa de ser uma atribuição da esfera doméstica e passa a ser realizado com equipamentos gerenciados por empresas e sujeitas, portanto, às normas que regulam o mercado. Nesse caso, após a troca não existiriam relações de obrigação de uns com os outros, e a dívida seria quitada pelo pagamento em dinheiro da hospedagem recebida.

Resta saber até que ponto podemos separar as relações de mercado (relações de interesse imediatistas e voláteis) das demais relações de troca na hospitalidade. As relações de mercado não existem isoladamente, coexistem com outras formas de relação de troca, uma vez que faz parte da condição humana interagir com o outro, trocar emoções, compartilhar sonhos, esperanças, tristezas, aflições, reconhecer e ser reconhecido pelo outro. Temos assim as relações de mercado marcadas pela concorrência, competição, associadas a outras relações de troca, em que há interesse genuíno, empatia, solidariedade. O ser humano se constitui pelas relações que estabelece com o outro, e nestas estão incluídas as relações de mercado, que hoje parecem definir a própria identidade dos indivíduos.

O acirramento da concorrência e a necessidade de atuar de forma competitiva na economia de mercado geram a busca de posições racionais, objetivas, na administração, deixando de lado interferências de sentimentos, relações de amizade, apadrinhamento. O relacionamento profissional/comercial procura revestir-se de um caráter de eficiência, marcado pelas avaliações de custo e benefício. Existe espaço nessas relações para a inclusão de elementos da dinâmica do dom? Até que ponto as relações pessoais e afetivas podem coexistir em harmonia com as relações de mercado?

A competitividade baseia-se na idéia de que os confrontos entre interesses diferentes ou mesmo contrários fazem as pessoas trabalhar e lutar para uma melhor situação social e econômica. Nesse processo é que estaria a condição social para o desenvolvimento. Isso significa a aceitação da dinâmica de exclusão como parte integrante do processo de desenvolvimento, na medida em que este é gerado pela luta entre as pessoas para que não sejam excluídas. É importante destacar que não se trata apenas da competição entre mercados, mas entre pessoas que tendem a se tornar isoladas e egoístas. Nessa disputa, o sucesso e o fracasso são considerados do ponto de vista individual, quando na realidade são resultado de dinâmicas sociais.

A convivência entre as pessoas no desempenho de suas atribuições gera laços e vínculos sociais importantes para sustentar o tecido social. Hoje se fala muito em capital social, referindo-se à capacidade da sociedade de gerar relações de solidariedade entre os diversos grupos. Essas relações informais são freqüentemente mais eficientes que as de mercado, podendo contribuir para um melhor desempenho das empresas. As modernas técnicas de administração procuram incentivar a criação de grupos ou equipes em que haja solidariedade entre seus membros, mas cabe aqui indagar até que ponto esses vínculos permanecem além das relações de mercado. Até que ponto a competitividade baseada no desempenho individual compromete a criação de uma rede solidária de relações entre os indivíduos no ambiente de trabalho?

Parece não ser possível qualificar uma relação entre duas pessoas como "exclusivamente comercial", nem ser correto desqualificar como hospitaleira toda e qualquer relação entre duas pessoas, pelo fato de que ela envolve algum objetivo comercial. As trocas estão baseadas no reconhecimento dos indivíduos entre si como parceiros em uma relação, o que torna provável que se formem laços de solidariedade em relações iniciadas com objetivo comercial, fazendo as relações avançarem e se manterem após o término da troca comercial. Na realidade, os fenômenos econômicos não existem isoladamente, mas são entrelaçados com fenômenos religiosos, jurídicos, estéticos e morais.

Sem dúvida, podemos perceber que as práticas vigentes nas relações de mercado podem contribuir muitas vezes para deteriorar os vínculos sociais, com o estímulo à competição individual e à desconsideração pelo social. Mas ainda assim não podemos esquecer que, na lógica das relações comerciais de troca, há a necessidade de reconhecimento do outro como parceiro para que seja possível concluir a troca ou o negócio. Para tanto, é preciso que exista alguma forma de identificação entre aqueles que participam da troca. Para que não haja conflitos nas formas de circulação de bens e serviços existentes nas sociedades, é preciso que todos respeitem regras previamente definidas.

Godelier, quando aponta para o retorno ao dom caritativo, mostra que a sociedade é capaz de gerar respostas alternativas à ordem existente, que atenuam ou se contrapõem às dinâmicas de exclusão. As ongs seriam uma resposta institucionalizada a esse problema. Em um mundo inóspito, essas organizações seriam uma forma possível de hospitalidade, de acolhimento daqueles que se encontram excluídos.

As questões de identidade e diferença também precisam ser mais bem percebidas e trabalhadas. A tendência hoje em se considerar o mundo como um lugar onde as diferentes alternativas de vida se equivalem, não se justificando a discussão sobre valores ou julgamentos sobre estilos diferentes de vida, pode ter efeitos danosos. A relativização da diferença parece não levar em conta que conviver com a diferença não significa aceitar tudo. O fato de vivermos em uma sociedade mais fluida, flexível, menos previsível não significa que, em nosso cotidiano, as pessoas não estejam orientadas por valores e regras que definam noções de certo e errado, de pecado e virtude, de bem e mal. Essas regras e valores são a base do tecido social e fazem parte do domínio daquilo que não podem ser trocado, são parte das coisas que devem ser guardadas, preservadas, transmitidas aos descendentes ou àqueles que compartilham a mesma fé, os relatos, nomes e formas de pensamento.

b) As novas comunidades

Hoje o compartilhamento de valores, princípios e ideais une os indivíduos em diferentes grupos sem que estejam fisicamente próximos. As novas tecnologias ampliam as perspectivas de formação de grupos de interesse sobre os mais variados assuntos, verdadeiras comunidades que atingem raios espaciais cada vez mais amplos. A tendência parece ser o estabelecimento de códigos e normas de relacionamento que permitam a formação de relações entre pessoas que partilham e respeitam valores comuns. O entendimento e a troca também se processam no meio informacional, que permite uma maior autonomia individual e faculta a participação em múltiplos grupos, promovendo afinidades mediante experiências interativas e gerando uma hospitalidade virtual, na qual um indivíduo pode pertencer a várias comunidades, criando laços e vínculos sociais potencialmente capazes de desenvolver a solidariedade.

As mudanças apontam para uma nova ordem em que a tecnologia assume um papel relevante. Lévy e Authier (2000)[2] observam que:

> Vivemos hoje uma destas épocas limítrofes em que a antiga ordem das representações e dos saberes bascula para dar lugar à dos imaginários, dos modos de conhecimento e dos estilos de regulação social ainda mal estabilizados. Assistimos a um desses raros momentos em que, a partir de uma nova configuração técnica, ou seja, de uma nova relação com o cosmos, inventa-se um estilo de humanidade.

Refletindo sobre o significado dessa nova ordem e os principais valores que se colocam na base da sociedade atual, os autores apontam:

> Mas o que será, nessa nova ordem, dos ideais de liberdade, igualdade e fraternidade? Assim como a democracia antiga supunha o pequeno camponês livre, pois sua subsistência dependia então da terra, a democracia ou a república do futuro será fundada sobre a livre apropriação de uma terra ainda invisível, a do saber, que está para se tornar o principal estrato produtivo.

---

[2] LEVY, Pierre, AUTHIER, Michel. *As árvores do conhecimento*. 2 ed. São Paulo: Escuta, 2000, p. 109, 110.

A questão maior que se coloca para essas comunidades virtuais é a inclusão dos saberes, o reconhecimento de formas de conhecimento que se originam nas mais diversas práticas sociais e as legitima. É preciso que essa terra do saber seja hospitaleira e acolhedora em relação aos saberes de diversas origens, incluindo também os saberes que se colocam como alternativas às formas dominantes de saber.

Finalizando

Os seres humanos imaginam e produzem a sociedade em que vivem, o espaço é configurado pelas trocas sociais. A situação de exclusão em que se encontram pessoas, e mesmo países no mundo atual, são um apelo à nossa generosidade, à prática do dom, à volta da hospitalidade.

É muito cedo para termos idéia de até onde chegaremos nesse processo dialético, que envolve as relações de hospitalidade derivadas do dom e as relações de mercado, em que está presente o dinheiro, que parece ameaçar a prática do dom, no contexto das mudanças sociais que ora presenciamos. A sociedade civil tem um papel importante nesse processo, pois constitui o conjunto de grupos organizados, formais e informais, independentes tanto do Estado quanto do mercado, que pode promover ou facilitar os interesses da sociedade, oferecendo oportunidade de participação àqueles que ainda não estão incluídos. Trata-se de trabalhar a hospitalidade possível dentro de condições de realidade existentes, promovendo a inclusão gradativa de grupos e pessoas mediante o reconhecimento e acolhimento de suas práticas sociais. Reconhecendo que o problema da exclusão e da quebra da solidariedade são fatores limitantes da hospitalidade, temos de tomar tais limites como desafio, indagando sobre nossa responsabilidade como origem do problema e atuando de forma efetiva para a sua superação.

Se hoje podemos observar que as relações de mercado prevalecem sobre as demais e que a hospitalidade vem sendo mercantilizada, por que não podemos imaginar que, no futuro, o inverso possa acontecer e que o mercado possa ser humanizado, tornando-se mais hospitaleiro, incorporando princípios de solidariedade?

A introdução de novos comportamentos voltados à hospitalidade, derivados da prática do dom, nos processos de planejamento e gestão de serviços e equipamentos que integram a hospitalidade comercial pode vir a contribuir para o desenvolvimento de uma cultura empresarial mais solidária, que certamente causará impacto positivo na sociedade como um todo. A solidariedade e generosidade não eliminam o poder, mas apenas o disciplinam, já que a dádiva é mais importante para aquele que doa, ainda que exista a necessidade daquele que a recebe.

Retomando o texto de Gidra e Dias, na página 132 deste livro:

> Percebe-se a tendência de ampliação da noção de hospitalidade em uma visão dialética da potencialidade transformadora de suas relações. Como forma privilegiada de encontro interpessoal marcado pelo acolhimento, pode contribuir para uma configuração antropológica aos não-lugares, potencializando a humanização ou, como quer Derrida, a hospitalidade pode ser a bandeira de uma cruzada contra a intolerância e o racismo, e a base do que ele chama de democracia total.

Autores

Dra. Ada de Freitas Maneti Dencker

Doutora em Ciências da Comunicação pela ECA-USP com tese em ensino e pesquisa na área de turismo e mestre com dissertação sobre pesquisa em comunicação. Socióloga pela PUC-SP. Docente em metodologia da pesquisa e metodologia do planejamento em cursos de graduação e pós-graduação em Turismo. Atua na área de turismo e hotelaria desde 1992. Professora dos cursos de pós-graduação lato sensu em Planejamento e Marketing Turístico e de especialização para docentes de Turismo e Hotelaria do Senac-SP. Professora do Módulo de Políticas Públicas e Planejamento Turístico do Mestrado em Cultura e Turismo da Uesc-Ilhéus. Consultora na área de educação, pesquisa e planejamento. Professora do Programa de Mestrado em Hospitalidade e da Graduação em Turismo da Universidade Anhembi Morumbi, e líder de grupo de pesquisa sobre Inovação no Ensino de Turismo e Hospitalidade, registrado no CNPq.

Dra. Celia Maria de Moraes Dias

Doutora em Ciências da Comunicação com tese em Turismo Rural, mestre em Ciências da Comunicação com dissertação sobre Meios de Hospedagem e bacharel em Comunicação Social (Relações Públicas e Turismo), pela ECA-USP. Especializada em Administração da Pequena e Média Empresa Hoteleira pelo Senac/Ceatel, com Aperfeiçoamento em Administração de Negócios pelo Institut Européen d´Administration des Affaires (Insead), Fontainebleau, França, e pelo Japan Productivity Center, Tóquio, Japão. Trabalhou com treinamento em turismo, no Centretur/Embratur e em empresas privadas na organização de eventos nacionais e internacionais na educação continuada para executivos. É professora do Programa de Mestrado em Hospitalidade e da Graduação em Hotelaria da Universidade Anhembi Morumbi.

Dr. Davis Gruber Sansolo

Doutor em Geografia Física com tese em Planejamento da Paisagem pela FFLCH-USP e mestre em Geografia com dissertação em Educação Ambiental. Geógrafo pela Universidade Federal do Rio de Janeiro. Tem larga experiência em planejamento ambiental participativo e em planejamento da paisagem em unidades de conservação e educação ambiental. Docente em instituições de nível superior desde 1989 em cursos de graduação e pós-graduação. Consultor do WWF-Brasil em programas de Educação Ambiental e Ecoturismo. Desenvolve atividades de planejamento participativo do turismo de base comunitária no litoral de São Paulo e na região amazônica. Professor do Programa de Mestrado em Hospitalidade e coordenador do Laboratório de Pesquisa da Graduação em Turismo da Universidade Anhembi Morumbi. Líder do Grupo de Pesquisa Indicadores de Sustentabilidade Ambiental para o Turismo e Hospitalidade.

Dra. Elizabeth Kyoko Wada

Doutora em Ciências da Comunicação pela ECA-USP com tese sobre Hotelaria cinco estrelas e mestre com dissertação na área de patrimônio natural. Pós-graduada em Marketing na EAESP/FGV e bacharel em

Relações Públicas pela ECA-USP e em Turismo pela Faculdade Ibero-Americana (atual Unibero). Desde 1976 exerce cargos de gerência e direção de empresas hoteleiras no Brasil e no exterior. Desde 1981 é professora da Graduação, e desde 1995 da Pós-Graduação em Turismo e Hotelaria em instituições como Anhembi Morumbi, Unibero, PUC-CAMP, ECA-USP, Senac, com disciplinas voltadas à gestão e marketing em Turismo e Hotelaria. Autora de vários artigos em periódicos e livros especializados. Professora do Programa de Mestrado em Hospitalidade da Universidade Anhembi Morumbi.

Gilberto Gidra

Gilberto Gidra é psicólogo pela USP e mestrando em Hospitalidade da Universidade Anhembi Morumbi, desenvolvendo dissertação sobre Fundamentos Teóricos e Epistemológicos como contribuições para uma possível ciência da hospitalidade. Professor de pesquisa de marketing do curso de Graduação em Propaganda e Marketing e do MBA da Escola Superior de Propaganda e Marketing de São Paulo. Professor do MBA da Fundace e de Teorias do Comportamento de Consumo da Universidade Anhembi Morumbi.

Dr. Hilário Ângelo Pelizzer

Doutor pela Fundação Escola de Sociologia e Política de São Paulo com tese em políticas de turismo e mestre com dissertação em recursos humanos em turismo/agências de turismo. Tem licenciatura em Letras pela Faculdade São Marcos e em Pedagogia (Administração Escolar) pela Faculdade Nove de Julho. Professor da Graduação e Pós-Graduação em Turismo, com experiência docente desde 1975 ministrando disciplinas ligadas a sistemas de transportes e técnicas de operação em agências de viagem. Desde 1976 presta assessoria e consultoria a empresas e organizações do setor de turismo. Sócio-fundador do Centro Especializado de Turismo (Cestur) desde 1975. Foi diretor e responsável técnico das agências de turismo Margirius Turismo S/A (SP), All Star Viagens e Turismo Ltda. (SP) e FFW Viagens e Turismo Ltda. (Londrina-PR). Autor de livros e artigos de caráter científico e técnico na área do turismo. Professor do Programa de Mestrado em Hospitalidade da Universidade Anhembi Morumbi.

Dra. Nilma Morcerf de Paula

Doutora em Administração de Empresas pela EAESP/FGV, mestre em Administração Hospitalar pela Faculdade São Camilo, São Paulo, especializada em Metodologia da Pesquisa na área de saúde, pela UFMT, e nutricionista pela UFRJ. Tem experiência acadêmica desde 1981 e experiência em planejamento, organização e implantação de serviços de nutrição e dietética em Hospital Universitário. Autora na área de alimentação e nutrição. Professora do Programa de Mestrado em Hospitalidade e da Graduação em Nutrição da Universidade Anhembi Morumbi.

Dr. Raul Amaral Rego

Doutor e mestre em Administração pela FEA-USP, bacharel em Economia pela FEA-USP. Engenheiro de Alimentos pela Unicamp, com aperfeiçoamento no exterior em Gestão da Qualidade Total (AOTS/Japão). Exerceu cargos executivos nas áreas administrativas e de marketing. Foi assessor especial da Secretaria da Ciência, Tecnologia e Desenvolvimento Econômico (Gesp) e consultor especializado na área de marketing de serviços com experiência em empresas, associações e institutos de tecnologia. Coordenador de curso MBA e professor da Graduação e Pós-Graduação, e pesquisador nas áreas de marketing de serviços e empreendedorismo. Diretor da área de Turismo, Lazer e Hotelaria da Universidade Anhembi Morumbi e professor do Programa de Mestrado em Hospitalidade.

Dra. Sênia Regina Bastos

Doutora pela PUC-SP com tese sobre "A cidade por seus moradores", mestre em História com a dissertação "A Paulicéia por conta própria" e bacharel em História. Coordenou projetos de pesquisa e planejamento nas áreas de patrimônio, cultura e história e núcleos e centros de pesquisa. Professora da Graduação e Pós-Graduação na área de turismo na

Universidade Anhembi Morumbi. Autora de artigos e trabalhos científicos na área de patrimônio histórico e cultural. Coordenadora e professora do Programa de Mestrado em Hospitalidade e da Graduação em Turismo da Universidade Anhembi Morumbi.

Dr. Vladimir Amâncio Abreu

Doutor pela Escola Politécnica-USP com tese em Gestão da Tecnologia da Produção, mestre pela Unicamp em Política e Administração de Recursos Estratégicos, bacharel em Geociências, Economia, Sociologia, Antropologia e Direito pela USP. Cursou Turismo Rural y Medio Ambiente na Universidad de Salamanca. Professor da Graduação e Pós-Graduação em Turismo e Hotelaria na Unibero, no Senac, na Uniban, na FICS e na Fundação Vanzolini. Gerente de Ensino a Distância, responsável pela Universidade Corporativa e pela criação de cursos de e-business e e-commerce para Pós-Graduação no Senac. Autor de vários artigos em periódicos e eventos especializados. Professor dos Programas de Mestrado em Administração da FAESP, UNIP e FICS.

Impresso por
META
www.metabrasil.com.br